한 권으로 읽는

마르크스와
자본론

한 권으로 읽는 마르크스와 자본론

초판 1쇄 발행 2020년 6월 15일
     3쇄 발행 2024년 7월 1일

지은이 사사키 류지
옮긴이 정성진
펴낸이 강수걸
편집 강나래 이선화 오해은 이소영 이혜정 김성진 김효진
디자인 권문경 조은비
펴낸곳 산지니
등록 2005년 2월 7일 제333-3370000251002005000001호
주소 부산시 해운대구 수영강변대로 140 BCC 626호
전화 051-504-7070 | 팩스 051-507-7543
홈페이지 www.sanzinibook.com
전자우편 sanzini@sanzinibook.com
블로그 http://sanzinibook.tistory.com

ISBN 978-89-6545-660-5 93300

* 책값은 뒤표지에 있습니다.
* 잘못 만들어진 책은 구입처에서 교환해드립니다.

한 권으로 읽는
마르크스와 자본론

DAS
KAPITAL
X
MARX

사사키 류지 지음 | 정성진 옮김

산지니

차례

한국어판 서문

이 서문에서는 일견 평범한 마르크스 입문서처럼 보이는 이 책의 특징과 위상에 대해 말해 두는 것이 적당할 것이다. 다만, 약간 전문적인 이야기가 될 수 있기 때문에, 초학자 분들은 건너뛰고 바로 본문으로 들어가는 게 좋을 수도 있다.

아마도 이 책에 흥미를 가질 만한 한국 독자라면 이미 잘 알고 있겠지만, 일본에서는 마르크스주의가 사회주의 운동이나 노동운동에 머무르지 않고 오랫동안 아카데미즘 내부에서도 큰 영향력을 미쳐왔다. 소련형 '사회주의' 붕괴 이후 그 영향력이 급속히 퇴조하면서 '마르크스주의 철학', '마르크스주의 역사학' 등은 거의 소멸하고 있지만, 여전히 많은 대학의 경제학부에서 '마르크스 경제학'을 전문으로 하는 연구자들이 정년보장 교수직을 계속 확보하고 있다.

이런 전통 덕분에, 일본에는 세계적으로 유례를 찾기 힘들 정도로 다양하고 중층적인 마르크스 연구가 축적되어 있다고 할 수 있다. 물론 이는 어느 정도 사실이고 본서도 그 혜택을 누리고 있다. 본서의 논의, 특히 제1장의 초기 마르크스론, 제2장의 『자본론』 이해는 일본의 선행연구에 의거하고 있는 부분이 많다. 그러므로 이 책을 통해 일본의 마르크스 이해의 일단을 알 수 있다는 것이, 이 책이 한국 독자에게 줄 수 있는 첫 번째 기여가 될 것이다.

하지만 이 책에서 전개한 마르크스 상(像)은 일본 마르크스 연구의 주류와는 일치하지 않는다. 전후 일본을 대표하는 정치학자였던 마루야마 마사오(丸山真男)가 지적했듯이, 일본에서는 합리주의나 실증주의 등 근대적 사고형태가 '마르크스주의'를 통해 도입되었다는 특수한 사정이, 구미에 비해 이른바 스탈린주의적 마르크스 해석을 강하게 했다. 러시아나 중국 등과 마찬가지로, 일본에서도 마르크스주의는 근대화 이데올로기로 기능해 왔던 것이다. 일본 공산당 주변의 지식인은 물론, 그것에 비판적이었던 히로마츠 와타루(廣松渉)나 우노 고조(宇野弘蔵) 등 대표적인 마르크스 연구자들도 스탈린주의와 근대주의에 크게 제약되었다. 이 책은 이러한 일본에서 지배적이었던 마르크스 해석과는 일선을 긋는다.

본서가 일본의 마르크스 연구에서 계승하는 것은, 그 정치(精緻)한 문헌 해석의 전통이다. 본서에 쓰여 있는 논의는 언뜻 보면 단순한 개론으로 보이지만, 실제로는 그 하나하나의 명제가 상세한 문헌 해석에 근거하고 있다. 주의 깊은 독자는 눈치챌 수 있겠지만, 일반적으로 보이는 서술도 그 대부분이 기존의 입문서와는 미묘하게 다를 것이다(하지만 나는 한국어를 읽을 수 없기 때문에, 한국어 입문서에 대해서는 이를 보증할 수 없다). 비록 하나하나는 미묘한 차이일지라도, 총체적으로 주어지는 마르크스상은 전혀 다른 것이 될 것이다. 여기서는 특히 중요한 점만 지적해 둔다.

첫째, 초기 마르크스의 이해에 대해서이다. 마르크스의 이론적 기초를 '변증법적 유물론'으로, 즉 철학적 세계관으로서의 '유물론'과 보편적 운동법칙으로서의 '변증법'의 결합으로 이해하는 과거의 스탈린주의적 마르크스 해석(그 싹은 이미 엥겔스에서부터 있었다)은 일찍부터 비판되어 왔지만, 그 대신 대치된 것은 마르크스 자신의 이론이라기보다는 많은 경우 어떤 '철학'적 해석이었다. 전형적인 것은 헤겔 변증법을 통한 재해석이지만, 그것이 폐기된 후에도 알튀세르처럼 구조주의를 들고 나오거나, 일본의 히로마츠 와타루처럼 현상학을 들고 나오는 등, 여러 가지 '철학'적 마르크스 해석이 나왔다. 실존주의나 프로이트 등을 접합한 휴머니즘적 해석도 큰 영향력을 가졌다. 그러나 이들은 모두 어떤 철학적 문제 구성, 혹은 초역사적인 보편적 이론을 전제로 한다는 의미에서, 과거 스탈린주의적인 '마르크스주의'의 범위 내에 있었다고 하지 않을 수 없다. 마르크스 자신은 어떤 의미에서도 "초역사적인 것이 그 최고의 장점인 듯한 보편적 역사철학 이론이라는 만능의 열쇠"에는 부정적이었고, 보편적 일반법칙이 아니라 특수역사적인 법칙에 관심이 있었다. 이러한 이론적 파악의 기초에는, 이 책 제1장에서 서술한 바와 같은 '철학' 비판이 있었던 것이다. 이 점의 이해에 대해서는 일본의 유물론연구협회를 이끌어 온 연구자들(다이라코 도모나가平子友長, 와타나베 노리마사渡辺憲正, 고토 미치오後藤道夫 등)이 큰 역할을 해 왔다고 말할 수 있을 것이다. 이 책 제1장은 이러한 선행 연구가 보여준 방향성을 문헌 연구에 근거해 한층 더 철저히 하여, '철학' 비판의 의의를 선명하게 한 것이다.

둘째, 경제적 형태 규정을 주축으로 한 『자본론』 이해이다. 독일에서 가장 저명한 『자본론』 연구자인 미하엘 하인리히(Michael Heinrich)도 강조하듯이, 마르크스의 경제학 비판을 다른 모든 경제학으로부터 근본적으로 구별하는 것은 경제적 형태 규정의 비판적 분석이다. 이러한 마르크스의 문제의식은 『자본론』의 다음 구절에 단적으로 표현되어 있다. "그런데 분명히 경제학은 불완전하긴 하지만, 가치와 가치의 크기를 분석해 이 형태 속에 은폐된 내용을 발견했다. 그러나 경제학은 왜 이 내용이 저 형태를 취하는가, 즉 왜 노동이 가치로, 그 시간의 길이에 따른 노동의 계량이 노동생산물 가치의 크기로 나타나는가 하는 문제를 제기한 적조차 없었다." 그런데 기존의 '마르크스 경제학'에서는 이러한 마르크스의 경제학 비판의 결정적 계기가 등한시되든가, 경제학에는 그다지 중요하지 않은 부차적인 에피소드로 폄하돼 왔다. 경제적 형태 규정의 경시는 소유 기초론과 착취 환원론으로 귀결되고 만다. 즉, 자본가에 의한 생산수단의 사적 소유와 그에 따른 착취를 근본 문제로 하는 속류적인 『자본론』 이해로 빠져, 자본주의적 생산양식의 힘의 원천이 특정 노동 형태가 끊임없이 산출되는 경제적 형태 규정에 있다는 것이 등한시된다. 그 때문에 또 실천적으로는 이 자본주의적 생산양식의 극복이, 단순히 사적 소유의 수탈, 내지는 그 사적 소유를 배후에서 지탱하는 국가권력의 탈취로 환원되고 만다. 이렇게 해서 마르크스 혁명론의 중요한 계기인 어소시에이션론이 망각되고 마는 것이다.

이러한 경제적 형태 규정을 중시하는 『자본론』 이해는, 과거에는 루빈(Isaak Rubin)이나 파슈카니스(Evgeny Pashukanis) 등 러시아혁명 이후 기라성처럼 나타났던 마르크스 연구자, 루카치(György Lukács)나 프랑크푸르트학파(특히 아도르노Theodor Adorno) 등의 서구 마르크스주의, 1970년대 서독을 중심으로 전개된 가치형태 논쟁이나 국가도출논쟁 등에 의해 발전되어 왔으며, 일본에서도 구루마 사메조(久留間鮫造)의 연구 및 이를 계승하는 오타니 데이노스케(大谷禎之介) 등의 연구에서 경제적 형태 규정 분석이 세계 최고 수준으로 이루어져 왔다. 가치형태 논쟁에서는, 형태분석에 대한 주목에도 불구하고, 가치개념을 가치형태로부터 이해하려는 경향 때문에 가치형태 그 자체의 분석은 불충분하게 끝나 버렸던 것에 비해, 문헌을 정성스럽게 독해하는 구루마의 견실한 스타일은, 아마도 세계 최초로 가치형태론을 정합적으로 해석할 수 있게 했다. 또, 구루마는 자신의『자본론』해석을 저작으로 체계적으로 보여주지는 않았지만, 자신이 편집한『마르크스 경제학 렉시콘』(大月書店)에서 그 개요를 제시했다. 아마도 구루마의 업적 및 그것을 계승하는 연구야말로 세계 최고 수준의 경제적 형태 규정 연구이며,『자본론』연구라고 해도 과언이 아닐 것이다. 이 책 제2장은, 기본적으로는 구루마의 해석을 계승해, 더욱 수미 일관되게 발전시킨 것이다.

셋째, 물질대사론을 중시한 만년의 마르크스의 사상 전개이다. 이 점은 본서의 가장 큰 특징이라고 할 수도 있다. 최근 MEGA(마르크스 엥겔스 전집)의 편집 성과에 기초하여, 만년의 마르크스의 발췌 노트에 대한 연구가 급속히 진전되고 있다. 대표적인 것으로는 공동체와 비서구사회를 테마로 한 케빈 앤더슨(Kevin Anderson)의『주변의 마르크스』, 생태를 테마로 한 사이토 고헤이(斎藤幸平)의『칼 마르크스의 생태주의』, 그리고 젠더를 테마로 한 헤더 브라운(Heather Brown)의『마르크스의 젠더와 가족 이론』등을 들 수 있다. 이 책 제3장은 이러한 성과를 바탕으로 만년의 마르크스의 사상 발전을 '물질대사'라는 개념에서 풀어낸 것이다.

　기존의 '마르크스주의'가 생산수단의 사적 소유에 의한 착취나 계급 투쟁에 초점을 맞추고, 자본주의적 생산양식에 독자적인 성격을 등한시했기 때문에, 서구 마르크스주의는 그것에 대한 비판을 의식해서, 자본주의적 생산양식의 경제적 형태 규정과 그 특수성에만 주목하는 경향이 있었다. 즉, 거기서 문제가 되는 것은, 소재(Stoff)와 형태(Form)의 유착을 당연시하는 물신숭배를 비판하고, 형태와 소재를 분리하는 것이었다. 물론 마르크스는 소재와 형태의 분리를 훌륭하게 해냈지만 그의 경제학 비판에 중요했던 것은 그뿐만이 아니다. 마르크스에게 근본적 문제는, 자본주의적 생산양식의 여러 모순을 그 형태 규정(Formbestimmun)과 물질대사(Stoffwechsel) 사이의 알력, 모순으로서 파악하고, 그것을 통해서 이 생산양식의 변혁의 전망을 밝히는 것이었다. 여기서 공산주의는 단순히 생산과 분배를 자각적으로 제어하고 인간의 자유를 실현할 뿐만 아니라 마르크스가 말한 것처럼 "어소시에이트한 인간들이 (…) 이 물질대사를 합리적으로 규제하고 (…) 자신들의 인간성에 가장 걸맞게 가장 적합한 조건 아래서 이 물질대사를 행하는" 사회여야 한다. 이러한 견지에 설 때, 페미니즘운동이나 환경운동 등 이른바 '새로운 사회운동'이 그 본질에 비추어 계급투쟁의 필수불가결한 일부를 이루고 있음을 이해할 수 있다.

　　최근 기후 위기나 팬데믹, 바이오 테크놀로지의 폭주의 위험성 등이 심각해지는 가운데 '물질대사' 개념이 더욱 주목을 끌고 있다. 이 21세기에 포스트자본주의를 전망하는 데서, 마르크스의 경제학 비판은 최강의 이론적 무기가 될 것이다. 이 책을 통해서 많은 독자들이 『자본론』이나 다른 마르크스의 저작들에 관심 갖기를 기대한다.

　　2020. 4.
　　사사키 류지

머리말

이 책에서 전하고 싶은 것은 단 하나, 칼 마르크스의 이론이 현대 사회의 변혁에서 여전히 최강의 이론적 무기라는 사실이다.

그동안 마르크스의 이론에 대해 일반인들로부터, 학자들로부터, 여러가지 비난이 제기되어 왔다. 경화된 이데올로기, 이미 실효성이 없어진 오래된 이론, 혹은 소련 등의 억압적 정치 체제를 만들어 낸 원흉이라는 이미지를 가지고 있는 사람도 적지 않을 것이다.

하지만 생각해 보자. 소련 붕괴 이후 자본주의 세계화 속에서 무슨 일이 일어났는가. 자본주의는 위기를 극복하고 번영을 구가했는가. 대부분의 선진 자본주의 국가들은 오랜 경제침체와 팽창하는 재정 적자에 시달리고 있지 않은가. 경제의 '금융화' 결과 항상 거품이 발생하고 그 후유증에 시달리고 있지 않은가.

일본 경제의 침체를 타파한다는 명목하에 도입된, 시장원리주의적 정책의 귀결을 생각해 보자. 일본 경제는 경쟁력을 회복하고 번영하고 있는가. 경제 격차는 줄고 빈곤은 감소했는가.

우리가 이 현실 세계에서 찾아낸 것은 바로 그 칼 마르크스가 저서 『자본론』에서 강력하게 논증한 자본주의적 생산양식의 역사적 경향 그 자체가 아닐까.

그래도 사람들은 말할지도 모른다. '마르크스주의를 내세운 공산주의 운동은 모두 실패로 끝나지 않았느냐'고.

분명히 그렇다. '마르크스주의자'들의 정당이나 그룹은 쇠퇴 일로를 걷다가 지금은 대부분 해체됐다. 하지만 칼 마르크스 그 사람의 이론과 후세 사람들이 만들어 낸 '마르크스주의'는 같지 않다. 이것은 50년 훨씬 전부터 자주 지적되어 온 것이지만, 최근 문헌학적 연구의 진전에 따라 그 차이가 더욱 선명해지고 있다. 최신 연구를 통해 발굴되고 있는 마르크스의 변혁 구상은 '마르크스주의'와는 거리가 멀고, 경우에 따라서는 대립하기도 한다.

과거를 돌아보는 것이 아니라 미래로 눈을 돌린다면, 우리가 다시 물어야 할 것은 실패로 끝난 '마르크스주의'가 아니라 마르크스 그 사람의 실상일 것이다. 이 책에서 다루고자 하는 것도, '마르크스주의'가 아니라 바로 칼 마르크스 그 사람의 이론이며, 그 사회 변혁상의 의의이다.

이 책에서 초점을 맞추는 것은 마르크스의 주요 저서 『자본론』이다. 하지만 이 책은 단순한 『자본론』의 입문서는 아니다. 왜냐하면 『자본론』의 사회변혁상의 의의를 파악하기 위해서는 마르크스가 왜 경제학을 주요 연구대상으로 삼았는지, 또는『자본론』으로 획득한 이론적 인식에 기초해 어떤 변혁구상을 세웠는지 등에 대해서도 이해해야 하기 때문이다.

이 책은 제2장에서『자본론』을 해설하기 앞서 제1장에서 젊은 마르크스를 소환하여 문학 소년이었던 마르크스가 어떻게 경제학을 연구하게 되는지를 살펴본다.

제3장에서는『자본론』을 완성하기 위한 노력 속에서 획득한 이론적 인식에 기초하여, 만년의 마르크스가 어떻게 자신의 변혁 구상을 심화시키고 발전시켜 갔는지를 검토한다.

제3장에서는 최신의 문헌 연구 성과에 기초하여, 지금까지 거의 알려지지 않았던 만년의 마르크스의 이론적 작업의 의미를 밝힐 것이다. 거기에서 보이는 것은 물질대사의 구체적인 논리의 끝없는 탐구이며, 생태, 공동체, 젠더까지 포괄하는 장대한 변혁 구상이다.

제1장

제1장
자본주의를 문제 삼기까지
[1818~1848년]
– 초기 마르크스의 새로운 유물론

인간 칼 마르크스의 실상

칼 마르크스의 인간과 사상을 생각할 때, 잊지 말아야 할 것이 있다. 그것은 마르크스가 혁명가이며 자신의 생애를 사회변혁에 바친 사람이라는 것이다.

분명히 마르크스는 레닌이나 마오쩌둥, 혹은 카스트로처럼 역사의 큰 무대에서 화려하게 활약한 혁명운동의 리더는 아니었다. 오히려 마르크스가 사회 운동의 지도자로 역사에 등장한 것은 1848년 혁명이나 제1 인터내셔널의 창립 때 등 마르크스의 생애 중 한 시기에 불과하다. 마르크스에 대해 사전 지식을 갖고 있는 독자라면, 런던의 대영 박물관을 드나들며 주요 저서인 『자본론』을 저술한 사상가라는 이미지가 강할 것이다.

그러나 마르크스는 안온한 환경 속에서 연구에 전념한 학자는 아니었다. 대학 시절부터 마르크스는 그 학식과 지적 능력을 높이 평가받았지만, 급진적인 정치적 입장 때문에 대학에서 일자리를 얻을 수 없었다. 졸업 후에는 자유주의적 잡지의 주필이 되었지만, 그 잡지도 정부로부터 발매 금지 처분을 받아 자리를 사직해야 했다. 이후 마르크스 자신도 망명을 할 수밖에 없었고, 혁명의 동란 속에서 우여곡절 끝에 런던으로 건너가 정착했다. 일정한 직업을 갖지 못한 마르크스는 망명 생활에서도 경제적 궁핍 속에서 온갖 고난을 겪었다.

그러한 투쟁과 망명의 일상 속에서, 20년 가까운 긴 세월에 걸쳐 쓴 것이 주저인 『자본론』 제1권이었다. 『자본론』 제1권을 쓴 직후 마르크스는 친구에게 다음과 같은 편지를 보냈다.

"일을 할 수 있는 시간은 모두 나의 저작(『자본론』 제1권을 가리킨다)을 완성하는 데 써야 했습니다. 이 저작을 위해 나는 건강도, 세상의 행복도, 가족도 희생했습니다. (…) 만약 사람이 소처럼 되고 싶다면, 인류의 고통 등은 외면하고 자신의 일만 걱정할 수도 있을 것입니다. 그러나 나는 만약 내 책을 적어도 원고의 형태로라도 완전히 마무리하지 않고 쓰

러진다면, 정말 내 자신을 비실천적이라고 생각했을 겁니다."(1867년 4월 30일 지그프리트 마이어에게 보낸 편지)

이 편지에서 마르크스는 당시의 심정을 솔직하게 토로하고 있다. '건강도 이 세상의 행복도 가족도 희생'했다는 말은 결코 과장이 아니다. 경제적 궁핍으로 인한 열악한 주거 환경은 그의 세 자녀를 죽음에 이르게 했다.『자본론』을 쓰기 위한, 보통 사람은 생각할 수 없는 엄청난 작업량은 마르크스의 몸을 아프게 했고 끊임없는 병치레로 괴롭혔다.

그렇게까지 해서 왜『자본론』을 썼을까. 마르크스에 따르면 '실천', 즉 사회 변혁을 위해서였다. 인류가 빈곤으로 고통받고 자신의 힘을 자유롭게 발휘할 가능성을 박탈당하는 그런 사회를 변혁하기 위해서『자본론』을 쓴 것이다.

마르크스에게『자본론』집필은 단순한 학문적 진리의 탐구는 아니었다. 그것은 무엇보다도 '실천'을 위해 행해진 것이며, 그 자체가 사회 변혁을 위한 투쟁이었다.『자본론』에는 평생을 사회 변혁에 바친 인간의 투쟁의 궤적이 새겨져 있다. 그런 의미에서 러시아의 혁명가 트로츠키의 평가는 정당하다. "마르크스의 모든 것은『공산당선언』속에,『경제학 비판』서문과『자본론』속에 존재한다. 마르크스는 제1 인터내셔널의 창설자가 아니었다고 해도, 그는 마르크스 자신으로 영원히 남을 것이다"(「레닌의 민족주의」).

『자본론』이 사회 변혁을 위한 저작이라는 것은, 이 책이 공산주의의 정치적 선전을 위해 쓰인 책이라는 것을 의미하지는 않는다. 분명히 마르크스 사후 많은 공산주의자들은 『자본론』을 자본주의의 몰락과 사회주의의 도래를 '증명'한 '성전(聖典)'으로 취급했고, 그 권위를 자기 당파의 선전에 이용하려 했다. 하지만 마르크스가 말하는 실천이란 그러한 스케일이 작은 정치적 실천이 아니다. 좀더 급진적인, 사회 관계의 근간에 관한 실천이다. 마르크스는 『자본론』의 실천적 의의에 대해 다음과 같이 서술하고 있다.

"비록 한 사회가 그 사회의 운동의 자연 법칙을 발견했다 해도——근대 사회의 경제적 운동 법칙을 폭로하는 것이 이 저작의 최종 목적이다——그 사회는 자연적인 발전의 단계를 뛰어넘을 수도 없고, 그것들을 포고령으로 제거할 수도 없다. 그러나 **그 사회는 출산의 고통을 줄이고 완화할 수는 있다.**"(『자본론』 제1권 초판 서문. 이하, 강조는 모두 필자에 의한 것)

마르크스가 여기서 언급했듯이 『자본론』의 최종 목적은 '근대 사회의 경제적 운동 법칙을 폭로하는 것'이다.

하지만 아무리 그 '폭로'에 성공했다고 해도 사회의 해악을 제거할 수는 없다. '사회는 자연적인 발전 단계를 뛰어넘을 수도, 그것들을 포고령으로 제거할 수도 없기' 때문이다.

그렇다면 『자본론』은 실천에 대해 아무런 의미가 없는 것일까. 그렇지 않다. '근대 사회의 경제적 운동 법칙'을 파악함으로써 기존 사회가 새로운 사회를 '출산의 고통을 단축하고 완화하는 것'이 가능하다. 즉, 『자본론』은 자본주의적 생산 양식의 근본적인 변화에 따른 '출산의 고통을 줄이고 완화하기' 위해 쓰인 것이다.

요컨대 마르크스의 이론은 사람들에게 사회주의를 신봉하게 하고, 그것으로 사회를 바꾸려는 것이 아니다. 혹은 사회주의의 도래를 '증명'하고 사람들이 사회주의의 입장으로 이동하도록 설득하기 위한 것도 아니다. 자본주의 시스템의 운동 법칙을 밝힘으로써 그 변혁의 방향성을 제시하고 어떤 실천에 의해 '출산의 고통을 줄이고 완화'할 수 있는지를 보이기 위한 것이다.

하지만 이상의 설명으로는 『자본론』의 실천적 의의에 대해 아직 어렴풋하게밖에 이해하지 못할 것이다. 당연하다. 앞의 인용문에는 마르크스가 오랜 세월의 투쟁과 연구를 통해 도달한 이론적 스탠스가 매우 압축된 형태로 표현되어 있기 때문이다. 왜 여기서 마르크스가 '출산'이라는 비유를 사용하는지, 왜 이론적인 '폭로'로는 사회를 바꿀 수 없고 출산의 고통을 줄여 주는 것밖에 할 수 없는지에 대해서 많은 설명이 필요하다.

그래서 우회하는 것 같지만, 젊은 마르크스의 궤적을 더듬어 보기로 하자. 왜냐하면 마르크스는 격동의 시대 속에서, 격렬한 논쟁을 벌임으로써 자신의 사상을 단련해 갔기 때문이다. 이 사상이야말로 『자본론』의 가장 기본적인 이론적 배경이 되었다.

다감했던 대학 시절

마르크스가 사회 변혁이라는 과제를 의식하기 시작한 것은 대학 시절이다. 하지만 처음부터 열렬한 운동가였던 것은 아니다.

1818년 5월 5일 독일 트리어에서 유대인 변호사의 아들로 태어난 마르크스는 김나지움에서 5년간 공부한 뒤 1835년 10월 본 대학에 입학했다. 마르크스의 아버지는 마르크스가 법학을 공부하고 자신의 뒤를 이을 것으로 기대하며 아들을 대학에 보냈다. 마르크스도 기대에 부응해 나름대로 열심히 법학을 공부했다. 하지만 대학 입학 후 마르크스가 가장 열중한 것은 시 창작이었다.

마르크스는 문학을 좋아한 것으로 유명하다. 어린 시

절 아버지의 친구 루드비히 폰 베스트팔렌 (그의 딸이 나중에 마르크스의 아내가 될 예니이다)에게 문학 수업을 받은 마르크스는 호메로스와 셰익스피어를 암송할 정도였다. 김나지움에서 시 창작 동아리에 소속되어 다양한 문학 작품을 접했다. 공산주의 이론가로 활동하기 시작한 뒤에도 문학에 대한 호감이 여전했고, 하이네와도 친분을 맺고 큰 영향을 미쳤다. 주요 저서인『자본론』에도 셰익스피어, 괴테, 발자크 등 다양한 문학 작품의 등장 인물과 표현, 혹은 그 패러디가 등장하여 책에 정채(精彩)를 더했다.

대학 입학 초기의 마르크스는 단지 문학에 깊은 관심을 가졌던 것뿐만 아니라 전문 시인이나 소설가가 되는 것도 생각할 정도로 문학에 빠져 있었다. 실제로 마르크스는 대학 시절에 꽤 많은 시와 소설을 썼다.

한편, 당시의 독일 대학의 분위기는 다소 억압적이었고 학생 운동은 정체되어 있었다. 1832년 독일 통일과 민주주의를 요구하는 운동이 확산되면서, 본 대학의 학생들이 라인주 의회를 습격하였는데, 대학은 이 사건을 계기로 정치적인 학생 단체를 금지하고 학생들의 행동을 엄격하게 단속하였다. 당연히 정치적 단체와 관련되는 것은 어려웠다.

그러나 마르크스가 방 안에 틀어박혀 공부와 시작(詩作)에만 몰두했던 것은 아니다. 마르크스는 정치 단체에 가입하지 않았지만, 30명 정도의 회원으로 이루어진 트리어 향우회에 가입하여 간사를 맡았다. 여기에서 마르크스는 동료들과 술을 많이 마시고, 다른 학생들과 싸움도 많이 했다. 소동이 너무 심했던 탓인지 마르크스는 대학에서 하루 동안 금고 처분을 받았다.

심지어 마르크스는 결투 사건까지 일으켰다. 당시 본 대학은 이전에 프랑스에 점령되어 있던 라인란트를 중앙의 프로이센에 통합하는 역할을 담당하기 위해 설립된 대학이었다. 프로이센 귀족 자제와의 교류를 통해 라인란트 젊은 이들을 좋은 프로이센 신민으로 훈육할 것으로 기대되었다. 그런데 실제로는 양자의 접촉이 오히려 갈등을 일으키는 경우가 많았다. 마르크스가 속해 있던 트리어 향우회도 프로이센 귀족의 자제를 회원으로 하는 친프로이센회와 자주 충돌했다. 모임의 간사를 맡고 있던 마르크스는 이 사태에 대처하기 위해 친프로이센회 회원과 결투를 벌였다. 사브르 결투 결과, 마르크스는 왼쪽 눈 위를 다쳤다.

또한 이 시기의 마르크스를 이해하는 데서 중요한 것은 부모, 특히 아버지 하인리히 마르크스와의 관계이다. 아들이 당연히 법률가가 되기를 기대하고 있던 하인리히는 앞에서 언급한 바와 같은 '본에서의 대단한 행패'에 대하여 쓴소리를 하지 않을 수 없었다. 마르크스의 씀씀이가 헤픈 것에 대해서도 질타했다. 하지만, 이러한 아버지의 걱정을 아랑곳하지 않고, 마르크스의 답장은 대개 시큰둥해서 자주 아버지를 화나게 했다.

마르크스는 두 학기, 즉 1년 동안 본 대학에서 보낸 후 베를린 대학으로 전학했다. 하인리히는 마르크스가 본 대학에서처럼 소동에 휘말리지 않고 침착하게 법학에 몰두하기를 기대했다. 그런데 실제로는 그렇게 되지 않았다. 마르크스는 베를린에서 혁명가의 길을 걷기 시작한 것이다.

문학에서 철학으로

마르크스는 베를린으로 옮긴 뒤에도 변함없이 시 창작에 열중하였다. 그러나 이 열정은 더 이상 단순한 문학적 관심에 의한 것이라고는 할 수 없을 것이다. 마르크스는 본 대학을 떠나 트리어에 귀향했을 때 예니와 비밀리에 약혼했다.

총명한 예니와의 약혼은 마르크스에게 물론 큰 기쁨이었다. 그러나 다른 한편으로 그것은 이 18세의 젊은이에게 압박을 주기도 했다. 예니는 마르크스보다 네 살 연상이며 귀족의 딸이었다. 한편, 마르크스는 연하이고 대학생이었다. 마르크스는 예니와의 약혼을 아버지에게 털어놓았지만 예니의 부모, 즉 베스트팔렌 가문에는 극비로 했다. 마르크스는 간신히 1년 후 베스트팔렌 가문으로부터 정식으로 약혼을 인정받았다.

이러한 상황에서 갓 약혼한 예니와 멀리 떨어져 살아야 한다는 것은 마르크스에 큰 고뇌를 주었다. 마르크스는 종종 질투심과 초조감에 사로잡혀 가족에게 보내는 편지에서 그것을 토로했다.

마르크스는 이러한 감정을 드러내는 듯한 시를 쓰고 열심히 법학을 공부했다. 이제 본 시절처럼 동료들과 술을 많이 마시고 싸우는 일도 없었다. 마르크스의 말에 따르면, 베를린에 도착한 마르크스는 "그동안 있었던 연결고리를 모두 끊고 마지 못해 가끔 사람을 방문할 뿐 오로지 학문과 예술에 몰두하려고 노력"(1837년 11월 10일 「아버지께 보낸 편지」)했다.

하지만 이 젊은 마르크스의 성급한 시도는 잘 되지 않았다. "이렇게 여러 가지 일을 했기 때문에 첫 학기에 밤도 많이 새우고, 싸움도 많이 하고 안팎의 많은 자극을 견뎌야 했지만, 그럼에도 불구하고, 소득은 별로 없었습니다"(「아버지께 보낸 편지」). 마르크스는 좌절한 것이다.

이 시기에 쓴 방대한 낭만주의적 서정시와 몇몇 소설은 마르크스에게 영 만족스럽지 못했다. "진실의 시 (poésie)의 나라가 저 멀리 요정들의 집처럼 빛나면서, 나의 창작물은 모두 안개처럼 사라져버렸습니다"(「아버지께 보낸 편지」). 마르크스는 자신에게 문학적 재능이 없다는 것을 깨달았다.

한편, 법학 공부도 마르크스의 의도처럼 진전되지 않았다. 자기 나름의 법학 체계를 구축하려고 몇 번이나 도전했지만, 마르크스는 그때마다 "그 체계와 나의 지금까지의 모든 노력이 잘못되었음을 알게 되었"(「아버지께 보낸 편지」)다.

청년 헤겔학파와의 만남

1837년 여름, 심신이 지친 마르크스는 병에 걸려 의사의 권유로 휴양지 슈트랄라우로 갔다. 이것이 마르크스 인생에 큰 전환의 계기가 되었다. 베를린에서는 은둔하다시피 했던 마르크스는 여기에서 처음으로 베를린 대학의 학생과 사강사(시간강사)와 친분을 맺은 것이다. 마르크스가 청년 헤겔학파의 젊은이들과 만난 것은 이때였다.

마르크스는 청년 헤겔학파의 젊은이들이 모여 있던 '박사 클럽'에 가입하고 거기서 자극을 받으면서 헤겔 철학을 빠르게 흡수해 갔다. 시 창작과 법학 연구에서 갈 길을 찾지 못했던 마르크스는 헤겔 철학에서 새로운 지침을 찾으려 했다. 마르크스는 헤겔 철학에 의해 그동안 자신이 빠져 있었던 공허한 낭만주의나 이상주의에서 탈피했다. 「아버지께 보낸 편지」의 다음 구절은 이러한 마르크스의 결의를 보여주고 있다.

> "나는 칸트와 피히테의 관념론을 본떠 키워온 관념론에서
> 현실적인 것 자체 속에서 이념을 추구하는 데 이르렀습니
> 다. 신들은 예전에는 천상에 살았다면 지금은 대지의 중심
> 이 되었습니다.
> 나는 헤겔 철학을 단편적으로 읽은 적이 있지만, 이 철학의
> 그로테스크하고 암석 같은 선율은 마음에 들지 않았었습니
> 다. 다시 한번, 나는 바다에 들어가고 싶었습니다. 다만, 정
> 신적 자연이 물체적 자연처럼 필연적이고, 구체적이며, 견
> 고한 근거를 갖는다는 점을 입증하려는 일정한 의도를 가지
> 고 있었고, 또 더 이상 검술을 연습하려는 것이 아니라 순수
> 한 진주를 햇빛 아래 비추려는 의도를 가지고 있습니다."

과거 마르크스에게 헤겔은 '그로테스크하고 암석 같
은 선율'을 가지고 있었기에 받아들여지지 않았다. 헤겔과
씨름하기에는 너무나 낭만주의적이고 이상주의적이었다.
그러나 이제 마르크스는 과거의 낭만주의와 이상주의를 뛰
어넘으려 했다. 현실과 대결하지 않고 이념을 추구하는 관
념론에는 더 이상 만족할 수 없었다. 오히려 이념은 '현실
적인 것 자체 속에서' 구해야 했다. 이러한 의미에서 이념
과 현실을 분리하지 않고 현실을 관철하는 것으로서 이념

을 파악하는 헤겔 철학이 마르크스에게 중요한 의의를 갖는 것으로 나타난 것이다.

이러한 전환은 단순한 지적 전환이 아니었다. 이제 과제는 현실과 분리된 곳에서 예술적 혹은 학술적 이상을 추구하는 것이 아니었다. 오히려 이 현실 속에서 이상을 찾는 것이 과제였다. 그러한 한, 세계에 대한 태도 자체가 전환될 수밖에 없었다. 즉, 현실 세계와의 대결 또한 마르크스에게 중요한 과제로서 나타나게 되었다.

한편, 마르크스와 아버지의 관계는 악화일로였다. 마르크스는 아버지를 존경하면서도 아버지가 생각하고 있는 것 같은 실용적 인간으로 자신을 함양하는 것에는 전혀 관심이 없었다. 오히려 그는 아버지가 상상할 수도 없는 큰 세계로 발을 내딛으려 하고 있었다. 마르크스는 「아버지께 보내는 편지」(1837년 11월 10일 자)에서 새로운 세계로 여정을 떠나는 것을 화려한 필치로 보고했다. "마치 경계표처럼, 한 시기의 종료를 알리면서도 동시에 어떤 새로운 방향을 분명하게 가리키는 인생의 순간이 있는 것입니다."

그러나 이 편지에 대한 하인리히의 답장은 가혹했다. "너는 너의 부모 속상하게만 하고 기쁘게 해주는 것은 하나도 없네"(같은 해 12월 9일 자). 이 일은 마르크스에게 아버지와의 괴리를 자각시켰음에 틀림없다.

하인리히는 이 편지를 쓰고 나서 약 반년 후 트리어에

서 사망했다. 베를린에 있던 마르크스는 장례식에 참석하
지 못했다.

청년 헤겔학파

마르크스에게 중요한 전기를 마련한 청년 헤겔학파는
어떤 그룹이었을까.

1820년대 독일에서 헤겔 철학은 절대적인 영향력을
자랑했다. 헤겔 철학은 문화부장관 알텐슈타인의 지지하에
이른바 프로이센 국가의 공인 철학이 되었다. 프로이센의
입헌군주제를 자유의 완성 형태로 간주하는 (정확히 말하면
그렇게 해석된) 헤겔 철학은 그들에게 안성맞춤이었기 때문
이다. 1831년에 헤겔은 사망했지만, 제자들은 헤겔 학파를
형성하고 스승의 가르침을 전파하고, 스승의 전집 편집 작
업에 종사했다.

그러나 이윽고 헤겔 학파의 분열이 발생했다. 보수적
인 해석을 유지하는 기존의 헤겔 학파에서 헤겔의 젊은 제
자들이 이탈하여, 보다 급진적인 해석을 내놓았다. 이것이
청년 헤겔학파다. 논의가 다소 추상적이 되겠지만, 그 철학
의 내용을 살펴보자.

헤겔 철학은 이성을 자연이나 정동(情動)에서 자립화
시켜 철학의 중심에 둔 칸트 철학을 계승하면서도, 이성을

자본주의를 문제 삼기까지

현실과 분리하지 않고 오히려 현실 발전의 원리로 삼았다. 물론 칸트도 이성이 인간의 인식을 성립시키는 능동적인 힘을 가지고 있음을 인정했다. 하지만 칸트는 이성의 사용을 확실하게 하기 위해 그 한계를 엄격하게 확정하려고 했다. 이에 비해 헤겔에서 이성은, 부정의 계기를 통하여—통속적으로 말하면 자기의 존재 방식을 반성적으로 되묻는 것을 통하여—끊임없이 스스로를 초월하여 더 높은 경지로 발전해 가는 **동적이고 다이내믹한 이성**이었다.

확실히 헤겔은 이 발전의 최고 단계를 근대의 입헌군주제 속에서 발견했다. 하지만 이것은 소위 근대 사회의 현상을 추인하고 있을 뿐, 입헌군주제가 앞으로도 최고 단계로 계속될 필연성은 없었다. 따라서 헤겔 철학은 외견상 보수적이면서 잠재적으로는 급진적인 요소를 함축하고 있었던 것이다. 이러한 측면에 주목한 것이 청년 헤겔학파의 젊은이들이었다.

청년 헤겔학파—라고 해도, 결코 하나의 단일한 집단은 아니고 다양한 주장이 혼재되어 있었지만—가 당초 최대의 비판의 대상으로 한 것은 종교였다. 왜 종교 비판인가. 현대 일본의 우리는 이해하기 어려울지도 모른다. 하지만 당시의 독일에서는 국가와 교회가 밀접하게 결합하고 있었다는 것, 정치 비판보다 종교 비판이 그나마 안전한 영역이었다는 것 등을 감안하면, 그렇게 부자연스러운 일은 아니다.

청년 헤겔학파의 종교 비판에서 결정적인 역할을 한 것이 브루노 바우어이다. 바우어는 젊은 나이에 헤겔로부터 인정받은 대단한 수재이며, 박사 클럽의 지도자였다. 바우어야말로 마르크스가 헤겔을 수용하는 데 결정적인 영향을 준 인물이었다. 바우어에 앞서 이미 스트라우스가 종교 비판을 감행했지만, 그것은 어디까지나 예수의 역사적 실재에 대해 다투는 것이었다. 그런데 바우어는 대담하게도 기독교 그 자체를 비판했다.

그렇다면 바우어의 헤겔 해석, 그리고 종교 비판은 어떤 것이었을까.

헤겔은 『정신현상학』에서 진리는 실체로서뿐 아니라 주체로서 파악되어야 한다고 주장했다. 쉽게 말하면, 실체란 모든 사물의 근저에 있으며 사물의 존재 근거가 되는 것이다. 헤겔이 큰 영향을 받은 스피노자는 '신 = 자연'을 유일한 실체라고 생각했지만, 헤겔은 이 실체를 '주체 = 자기의식'으로 다시 파악한 것이다.

헤겔의 실체는 스피노자의 그것처럼 정적인 것이 아니라 역동적이고 살아 있는 것이다. 실체는 끊임없이 자기를 반성하고 지금까지의 자기를 뛰어넘으려는 주체 = 자기의식을 통해 비로소 진리에 도달할 수 있다. 이미 본 바와 같이, 부정의 계기를 매개로 한 이성의 발전의 원리는 무엇보다도 먼저 이러한 '실체 = 주체'론에 근거하고 있다.

하지만 바우어에 따르면, 이러한 '실체 = 주체'론은 자가당착에 빠져 버린다. 왜냐하면, 한편으로는 실체야말로 주체 = 자기의식에 있어서의 진리이며, 자기의식은 이 실체의 단순한 계기(구성 부분)일 뿐이라고 하면서, 다른 한편으로는 주체가 실체를 창조한다는 것이기 때문이다. 주체가 실체를 창조한다면 오히려 주체야말로 진리의 근거라고 바우어는 보았다.

이렇게 바우어는 자기의식의 외부에 있는 실체를 부정하고, 자기의식, 더 명확하게 말하면, 인간의 자기의식 자체가 진정한 실체라고 주장했다. 바우어에 따르면, 이 자기의식이야말로 인간의 역사를 형성하고 발전시켜 온 것이다. 외견상 보수적인 헤겔 철학 속에 숨어 있는 심오한 철학, 그것이 바로 자기의식의 철학인 것이다.

그리고 이러한 자기의식의 철학에 입각하여, 바우어는 다음과 같이 기독교를 비판한다. 복음은 정확한 역사적 사실의 기록이 아니다. 오히려 그것은, 아직 미숙한, 인간의 자기의식이 자신의 본질을 종교라는 형태로 표현한 것이며, 자기의식의 산물일 뿐이다. 그럼에도 불구하고, 종교에 있어서 인간의 자기의식은 자기의 본질과 대립하고 수동적인 존재로 전락해 버렸다. 즉, 자기의식이 만들어 낸 종교가 자기의식에게 소원한 것이 되어, 그 소원한 것으로서의 종교에 자기의식이 종속되어 버렸다.

이처럼 바우어에 따르면, **종교는 자기의식이 자기의 본질을 소외한 것이다.** 바우어는 종교 비판에 의해 전도된 상황을 폭로함으로써, 이 소외된 본질을 인간에게 되돌리고 인간을 해방하려고 했던 것이다.

마르크스에게 준 바우어의 충격

이상이 바우어 철학의 통속적인 설명이지만, 그렇다고 해도 몹시 추상적이고 까다로울지도 모르겠다. 그러나 이전의 이상주의적인 입장을 극복하고, 헤겔 철학을 열심히 받아들이려고 했던 마르크스에게 그 충격은 절대적이었다.

마르크스의 학위논문 「데모크리토스와 에피쿠로스 자연 철학의 차이」에도 바우어의 영향이 짙게 드러난다. 이 논문은 제목에서 알 수 있듯이, 고대 그리스의 철학자 에피쿠로스와 데모크리토스의 철학적 차이를 주제로 했지만, 결코 철학사 연구는 아니다. 마르크스는 아리스토텔레스 이후 에피쿠로스 철학의 사상적 의의를 해명하는 것을 통해서, 헤겔 이후의 청년 헤겔학파의 사상적 의의, 특히 자기의식 철학의 사상적 의의를 보여주려 했다.

마르크스는 이러한 관점에서 에피쿠로스의 철학을 다

음과 같이 평가한다. 에피쿠로스도 데모크리토스도 원자론에 의거해 자연을 설명하기 때문에, 종종 양자는 동일시된다. 하지만 에피쿠로스의 자연 철학은 데모크리토스의 그것을 단순히 모방한 것은 아니다.

데모크리토스의 원자론은 자연의 결정론적 성격을 주장하는 것이었다. 데모크리토스에 따르면, 원자의 운동이나 결합·분리는 외부로부터 주어진 **필연성**에 근거하는 것이었기 때문이다.

반면 에피쿠로스는 원자 운동의 **우연성**을 강조한다. 에피쿠로스에 따르면 원자는 직선적으로 운동하는 것이 아니라, 그 자신이 갖는 성질에 따라 직선으로부터 벗어나 운동하며 우발적인 원자의 충돌을 낳는다. 마르크스는 이 원자의 직선으로부터의 편의에서 단순한 자연 필연성을 극복하는 주체성의 계기를 발견한 것이다.

이런 의미에서 마르크스에게 에피쿠로스의 자연 철학은 '자기의식의 자연학'이나 다름없다. 왜냐하면 그것은 외적인 자연 필연성에 종속되지 않는 자율적인 주체, 즉 자기의식에 근거를 주는 것이기 때문이다. 마르크스는 후에 『독일 이데올로기』에서, '에피쿠로스는 고대의 진정한 급진적 계몽가였다'고 말했다.

물론 이 학위논문에서는 이미 나중의 마르크스를 방불하게 하는 독자적인 발상도 엿보인다. 하지만 전체적으로는 바우어의 자기의식의 철학을 답습한 것으로 이해하는 것이 타당하다. 이후 마르크스는 자기의식의 철학을 여러 차례 비판하고 그것을 극복해 간다. 하지만 그럼에도 바우어를 통한 헤겔 수용은 마르크스에게 결정적인 것이었고, 마르크스의 이론 구성에 계속 영향을 주게 된다.

어쨌든 마르크스는 바우어 등의 영향을 받으면서 빠르게 헤겔 철학을 흡수하고, 청년 헤겔학파 속에서 두각을 나타냈다. 그러면서 마르크스의 정치적 입장도 좌경화돼 갔다. 당시 마르크스가 어떤 인상을 주었는지, 청년 헤겔학파 모세스 헤스의 증언을 들어 보자.

"그는 아직 매우 젊고 기껏해야 24세 정도이지만, 중세적인 종교와 정치에 최후의 일격을 가할 것입니다. 그는 가장 깊은 철학적 성실성과 가장 신랄한 기지를 결합하고 있습니다. 루소, 볼테르, 돌백, 레싱, 하이네, 헤겔 등을 한 몸에 이어 붙인 것이 아니라 통합한 듯한 인물을 상상해 보십시오. 그것이 마르크스 박사입니다."(1841년 9월 2일 아우엘바흐 앞으로 보내는 편지)

마르크스의 놀라운 재능과 비타협적인 강한 의지는 누구의 눈에도 이미 뚜렷했다. 학자로서 마르크스의 앞날은 순풍에 돛을 단 것처럼 보였다. 그러나 실제로는 그렇지 못했다. 프로이센 정부가 더욱 보수적인 성격을 띠면서, 청년 헤겔학파의 젊은이들이 대학에 남아 있기가 어려워졌기 때문이다.

저널리스트로의 변신

아버지 하인리히의 사후, 그렇지 않아도 낭비가 심했던 것도 있어 마르크스의 재정 상태는 악화되어 갔다. 또한 하인리히의 죽음으로 마르크스 가문과 베스트팔렌 가문의 유대가 약화되면서 약혼녀였던 예니도 더 힘들어졌다. 과연 마르크스도 취업을 현실 문제로 생각하지 않을 수 없게 되었다.

이미 마르크스의 관심은 문학과 법학에서 철학으로 완전히 옮겨갔으므로, 마르크스는 철학 연구자로서 대학의 교수직을 얻으려고 하였다. 마르크스는 1년 반 만에 앞서 언급한 학위 논문을 쓰고 박사 학위를 취득했다.

하지만 정작 구직은 잘되지 않았다. 바로 그 무렵 청년 헤겔학파에 대한 비난이 거세지고 있었기 때문이다. 바우어 등의 종교 비판이 급진적으로 됨에 따라 정부도 이들에 대해 더욱 적대적으로 되었다. 또한 헤겔주의를 옹호한 문화부장관 알텐슈타인이 사망하고 신임 문화부장관 아이히호른이 반헤겔주의의 입장을 취한 것이 결정적이었다.

이미 바우어는 베를린 대학에서 본 대학으로 옮겨야 했다. 마르크스도 뒤따라 본에서 바우어와 합류한다. 여기에서 마르크스는 대학의 교수직을 얻기 위해 필요한 추가 논문을 준비하면서 바우어와 공동으로 종교 비판 작업에 착수했다. 그러나 청년 헤겔학파 연구자들이 잇따라 대학에서 추방되고, 1842년 3월 마침내 바우어까지도 대학 교수직을 잃게 되자, 마르크스는 대학에서 교수직을 얻는 것을 단념한다. 이리하여 마르크스는 저널리스트로서 생계를 꾸리게 되었다.

마르크스는 그해 2월, 아놀드 루게가 주재하는 청년 헤겔학파의 잡지 『독일연보』에 정부의 검열을 비판하는 논문을 기고했다. 루게는 헤겔 철학 중에서도 특히 법철학을 중시하고 종교 비판에 그치지 않고 정치 비판까지 나아갔다. 마르크스는 루게와 결렬하기까지 2년 정도 그와 긴밀히 협력하게 된다.

또한 마르크스는 대학의 교수직을 포기하고 한동안 쾰른에 체류했는데, 이때 쾰른의 자유주의 운동에 접촉한 것이 마르크스의 진로에 큰 영향을 미치게 되었다.

쾰른을 포함한 라인란트 지방은 한때 프랑스에 통치되었던 적도 있어, 상업의 자유가 비교적 보장되는 유럽 최대의 공업 지대 중 하나였다. 하지만 다른 한편으로는 부르주아지에게는 정치적 발언권이 충분히 인정되고 있다고는 말할 수 없는 상황이었다. 이러한 사회 상태를 반영하여 자유주의 운동도 활발하여, 청년 헤겔학파는 자유주의적인 사상을 가진 자본가를 설득하여 1842년 1월에 『라인신문』을 창간하였다.

마르크스는 쾰른에서도 자신의 능력을 인정받아 금세 운동의 중심 인물이 된다. 일시적으로 쾰른을 떠났지만 같은 해 여름 무렵부터는 『라인신문』의 내부 문제에도 관여하였고, 10월에는 편집장이 되었다. 마르크스는 편집자로서도 우수해서 순식간에 신문의 발행부수는 두 배 이상이 되었다.

종교 비판에서 정치 비판으로

이 시기 마르크스가 저널리스트 혹은 편집자로 활동한 것은 그의 사상의 발전에 큰 영향을 미쳤다.

우선 저널리스트로서 현실의 구체적인 사회 문제를 논평한 것은 마르크스의 비판의 역점을 종교 비판에서 정치 비판으로 이동시켰다. 마르크스는 이미 획득한 철학을 무기로 출판의 자유, 언론의 자유, 의사록 공개 등을 옹호하였다.

그런데 이러한 현실 문제에 직면하자 곧 추상적인 철학이나 이상적인 국가관에 기초하여 비판하는 것만으로는 부족하다는 것을 깨달았다. 특히, 목재절도단속법이나 자유 무역과 보호 관세 등 현실의 경제적 이해를 둘러싼 논쟁에서 마르크스는 무력함을 통감했다.

마르크스는 「목재절도단속법에 관한 토론」이라는 논문에서 관습적으로 인정되어 온 농민의 고사목 줍기를 절도죄로 처벌하는 새 법을 비판했다. 이 문제는 바로 다음 장에서 서술하는 '전근대적인 소유권'과 '근대적이고 배타적인 소유권'과의 충돌에서 나타난 문제이다. 마르크스는 이 논문에서 이미 근대적 소유에서 목재라는 물건을 숭배하고 인간을 희생하는 전도된 관계가 성립되고 있음을 밝혀냈다.

하지만 여기에서는 아직 그러한 전도를 이상적인 헤겔적 국가관에 의해서 비판하는 데 그치고 있다. 즉, 삼림지 소유자의 특수한 사적 이해를 보호하기 위한 법률을 보편성을 구현해야 할 이상적인 국가관에 대치하여 비판하는 데 그치고 있다. 왜 어떻게 하여 그러한 전도가 생기는지는 구명되지 않았다. 하지만 이 문제를 다루면서, 마르크스의 관심은 추상적인 철학으로부터 구체적인 사회의 존재 방식으로 이동했다.

게다가 『라인신문』을 편집하면서, 마르크스는 새롭게 등장한 사상 흐름인 공산주의와 맞닥뜨리지 않을 수 없었다. 의외로 이 시기의 마르크스는 공산주의에 대해 비판적이었다. 편집장으로서 검열관과 매일 대결하고 있던 마르크스가 당면 과제를 뛰어넘어 급진적으로 되는 것에 신중했음은 물론이지만, 그것만은 아니다. 사회 관계의 구체적인 분석의 필요성을 통감하게 된 마르크스에게, 당시 독일 공산주의 사상은 너무나 추상적이고 비현실적인 것으로 생각되었던 것이다. 마르크스는 좀 더 근본적인 방법으로, 그것도 추상적이 아니라 보다 현실적인 사회 관계에 뒷받침된 방법으로 공산주의 사상의 문제를 다뤄야 한다고 생각하게 되었다.

이렇게 새로운 연구의 필요성을 절감하게 된 마르크스는 『라인신문』에 대한 정부의 압력이 거세지는 가운데 편집장을 사임하고 '공적 무대로부터 서재로 퇴각하게' 된다. 1843년 2월 마르크스의 나이 24세 때였다.

『헤겔 국법론 비판』과 근대국가 비판

좀 더 현실적인 사회 관계를 연구하기 위해 공적 무대에서 물러난 것은 좋았지만, 마르크스는 무직이 되어 버렸다.

언론 탄압이 거세지는 가운데 바우어 등을 중심으로 하는 베를린의 청년 헤겔학파는 점점 더 추상적인 철학적 논의로 매몰되어 갔다. 그러나 이러한 논의는 이미 마르크스의 관심으로부터 멀어져 있었다. 하지만 언론 탄압이 강했던 독일에서 현실 문제를 다루는 저널리스트를 계속하는 것은 어려웠다.

거기서 마르크스는 현실 정치와의 투쟁을 계속하려고 했던 루게와 손을 잡고, 새로운 가능성을 모색했다. 도출된 것은 프랑스에서 월간지를 발행한다는 구상이었다. 사회주의 사상이 대두되고 있던 프랑스와 연계한다는 생각은 이전부터 청년 헤겔학파들 사이에서 주장되어 왔지만, 이를 실행에 옮기려고 한 것이다. 이 잡지는 『독불연보』라고 명명되었다. 루게 등의 출자로 마르크스는 공동 편집자로 고용되었다.

어렵사리 생계를 부지할 수 있게 되자 마르크스는 1843년 6월 오래된 숙제였던 예니와의 결혼을 성사시켰다. 18세 때 약혼하고 나서 무려 7년 만이었다. 마르크스는 예니와 함께 크로이츠나흐에 머물며 『독불연보』 발행을 준비했다.

마르크스는 이곳에서 헤겔 법철학의 비판적 연구에 몰두했다. 그때 쓴 노트가 『헤겔 국법론 비판』이다. 마르크스는 헤겔의 법철학과의 대결을 통해 앞서 언급한 전도된 사태의 근원을 밝히려고 한 것이다. 이 노트에서 마르크스는 스스로의 이론 체계를 구축하기 위한 첫 걸음을 내딛게 된다.

마르크스는 이 노트에서 대강 다음과 같은 내용으로 헤겔을 비판했다.

헤겔은 시민 사회에서 사적 이해의 충돌을 인정하고 거기에서 발생하는 다양한 모순들, 예를 들어 빈곤과 공황 등 문제의 존재를 인정했다. 하지만 헤겔은 그런 모순들이 근대의 정치적 국가에서 극복되고 해소된다고 생각했다. 즉, 시민 사회에서는 서로 분열되어 사적 이해를 구하고 경쟁하는 사적 개인이, 보편성을 구현하는 국가에 의해 통합되어 하나의 공동체를 형성한다는 것이다. 헤겔은 이렇게 실현된 공동체를 '인륜적 공동체'라고 부르고, 근대 국가를 진정한 자유를 실현하는 사회 시스템이라고 생각했다.

그러나 이와 같은 국가의 파악은 현실의 근대 국가를 미화하고 왜곡하는 것이나 다름없다. 근대의 정치적 국가는 결코 보편성의 체현자가 아니다. 그것을 구성하는 관료나 의회는 특수한 계층의 특수한 사적 이해에 기초하여 움직이고 있다. 그래서 목재절도단속법처럼 보편성이라곤 조금도 없는 법률이 제정된 것이다. 그렇다면 시민 사회와 국가라는 근대의 이원주의에서 자유의 완성을 볼 것이 아니라, 오히려 이 근대의 이원주의를 극복하는 것이야말로 필요한 것이 아닌가.

그렇다면 마르크스는 이러한 이원주의의 극복을 어떻게 구상했던 것일까. 마르크스에 따르면 국가가 보편성을 구현하지 못하고 특수한 이해에 따라 움직이는 것은 현실에서 생활하는 인간들 대부분이 공적 영역인 정치로부터 분리되었기 때문이다. 헤겔이 칭찬하는 군주제 국가는 많은 인간들을 정치로부터 소외시킴으로써 성립한 시스템이다.

그렇다면 이원주의의 극복은 현실에서 생활하는 인간들이 보통 선거 등 민주주의적 제도를 통해 공적 영역인 정치에 참여하는 것에서 구해져야 한다. 그리고 이처럼 인간들이 보편성을 갖는 공적 영역에 관여한다면, 시민 사회에서 사적 개인으로의 분열도 극복될 것이다. 마르크스는 이처럼 '민주주의'에 의해 근대적 이원주의를 극복하고자 했다.

포이어바흐의 영향

여기서 주목해야 할 것은 루드비히 포이어바흐의 영향일 것이다. 포이어바흐는 청년 헤겔학파의 대표자 중 한 명이자, 『기독교의 본질』로 알려진 논객이었다.

포이어바흐는 『기독교의 본질』에서 "신은 인간의 내면이 드러난 것이며, 인간의 자기가 표출된 것"이라고 주장하고 기독교를 비판했다. 포이어바흐에 따르면 현실 세계 속에서 고뇌하는 인간들이 본래 자신들이 인간이라는 유

(類)로서 가지고 있는 힘을 직관하지 못하고, 자신들의 외부에 소외된 형태로 투사한 것이 종교였다. 즉, 포이어바흐에 따르면 종교는 소외된 인간적 본질, 소외된 유적(類的) 본질이다. 포이어바흐는 이 종교적 소외를 종교 비판으로 타개하려고 했다.

이것은 언뜻 자기의식이 종교를 만든다는 바우어의 철학과 같은 문제설정인 것처럼 보인다. 하지만 결정적인 차이가 있다. 그것은 포이어바흐가 종교뿐만 아니라 철학을 비판의 대상으로 삼았다는 것이다.

이 철학 비판은 마침 마르크스가 『헤겔 국법론 비판』을 집필하기 직전에 간행된 『미래의 철학을 위한 잠정 명제』에서 전개되었다. 포이어바흐의 종교 비판에는 그다지 주목하지 않았던 마르크스도 이 철학 비판에는 매우 큰 영향을 받았다.

그렇다면 포이어바흐의 철학 비판은 어떤 것이었을까. 단적으로 말하면, 추상적인 이념이나 논리를 휘두르는 철학에 대한 비판이다. 포이어바흐는 그런 철학적 추상물에 대해, 현실에 살고 있는 감성적 인간을 대치시켰다.

인간은 단지 자기의식을 가지고 사고하는 존재만은 아니다. 숨쉬고 욕구하고 먹고 사랑하고 생식하는 감성적인 존재이며, 그러한 감성적인 삶 속에서 사고하는 것이다. 즉, 포이어바흐는 헤겔의 절대정신이든 바우어류의 자기의식의 철학이든 이것들은 현실의 생생한 감성적 존재로서의 인간을 포착할 수 없다고 비판했다. 종교뿐만 아니라 철학 또한 인간적 본질을 외부에 소외시킨다는 것이다.

일반적으로 이러한 포이어바흐의 생각을 유물론이라고 말하는 경우가 많다. 하지만 보통의 유물론과는 조금 차이가 있다. 일반적인 유물론은 정신이나 이념으로 세계를 설명하려는 관념론과는 반대로, 오히려 물질적인 것으로부터 세계를 파악하려 한다. 단적으로 말하면, 이념과 정신들에 대한 물질의 근원성을 주장하는 입장이다.

그러나 포이어바흐는 그러한 유물론에는 만족하지 않는다. 왜냐하면 '물질'이라는 개념도 그것이 생생한 감성적 현실에서 분리된다면, 단지 추상적인 것에 지나지 않기 때문이다. 포이어바흐의 철학은 **감성의 철학**이며, 그 중심에는 구체적으로 욕구하고 타인을 사랑하는 감성적 인간이 있었다. 그런 의미에서 무엇보다 **휴머니즘의 철학**이었던 것이다.

『헤겔 국법론 비판』에도 이런 포이어바흐 철학의 영향이 나타난다. 마르크스에 따르면 헤겔의 국가론은 추상적 논리의 산물일 뿐 현실의 인간이 잘려 나갔다. 오히려 현실의 인간은 이 추상적인 논리의 '현상'으로 폄하되어 버렸다. "가족과 시민 사회는 국가의 전제이며, 그것들은 원래 액티브한 것이지만, 사변 속에서 전도된다"(『헤겔 국법론 비판』). 마르크스는 이러한 전도를 다시 뒤집으려 했다. 즉 **이념이 아니라 현실의 인간을 주체로 두려** 했다. 앞서 언급한 '민주주의'는, 바로 현실의 인간들 자신이 진정한 목적으로 하는 사회를 실현하기 위한 구상이었다.

『헤겔 국법론 비판』의 한계

헤겔 법철학과의 대결을 통해 마르크스의 문제의식은 깊어졌고, 점점 현실 문제에 접근해 갔다. 그러나 여전히 마르크스는 청년 헤겔학파의 문제구성 속에 있었다. 그것은 **의식의 변혁**이라는 계몽주의적 문제구성이다.

마르크스가 헤겔을 수용하는 데서 큰 영향을 받은 바우어의 자기의식의 철학도, 그것을 넘는 사정 거리를 가진 포이어바흐의 감성적 인간의 철학도, 결국 올바른 사고 방식에 따라 잘못된 사고방식을 비판하고, 이를 통해 사회의 기본 방향을 변혁해 나가려는 것이었다.

전자는 인간으로부터 소원한 '실체'를 우선시하여 자기의식을 경시하는 사고방식에 대해 자기의식이야말로 진정한 역사의 원동력임을 주장하는 것이고, 후자는 추상적인 논리의 전개로써 사회를 설명하는 관념적인 사고방식에 대해, 생생한 감성적인 인간이 이 사회를 형성하는 주체임을 주장하는 것이다.

다음의 편지의 한 구절은 마르크스가 여전히 계몽주의의 테두리 안에 있었음을 보여준다.

"우리의 슬로건은 다음과 같은 것이어야 합니다. 의식의 개혁, 그것도 도그마에 의해서가 아니라, 종교적 형태로 나타나든 정치적 형태로 나타나든, 그 자체로는 알 수 없는 신비한 의식의 분석에 의한 의식의 개혁. 그렇게 하면 다음의 것이 밝혀질 것입니다. 세상은 오래 전부터 어떤 것을 갖고 있다고 꿈꾸고 있었는데, 즉 그것을 실제로 갖기 위해서는 그것을 갖고 있다고 의식하기만 하면 되었습니다."(1843년 9월 루게에게 보낸 편지)

분명히 마르크스는 공허한 이상을 주장할 뿐인 공산주의자들의 '도그마'를 혐오했다. 그렇기 때문에 마르크스는 헤겔 법철학의 비판을 통해 '신비한 의식'을 '분석'하고 거기에서 '민주주의'라는 변혁 구상을 찾아낸 것이다.

그럼에도 불구하고 이 '민주주의'라는 변혁 구상은 여전히 이념적인 것이며, 그것을 실현하기 위한 현실적인 기반을 가지고 있지 않았다. 현실적인 기반이 없다면, 사람들을 계몽해서 의식을 변화시킬 수밖에 없을 것이다.

'민주주의' 구상이 현실적 기반을 갖지 못한 이유는 무엇일까. 그것은 마르크스가 『헤겔 국법론 비판』에서 근대의 가장 큰 모순을 현실의 주체인 인간들이 보편적인 공적 영역(국가)에서 소외되고 있는 것으로 보았기 때문이다. 변혁 구상이 현실성을 가지려면, 오히려 이 현실의 주체인 인간들이 생활하는 장소인 **시민사회**를 분석해야 했다.

『독불연보』에 게재된 두 논문

1843년 10월, 마르크스는 크로이츠나흐에서의 짧은 신혼 생활을 마치고 파리에 도착했다. 『독불연보』를 간행하기 위해서였다.

이미 파리에서 잡지의 편집에 분주했던 루게는 프랑스 사상가들에게 집필을 호소했지만 반응은 신통치 않았다. 결국 『독불연보』란 이름뿐이고, 독일 기고자들의 글만으로 발간되었다. 게다가 한 번 발행되고는 폐간되고 말았다. 그러나 이 『독불연보』에 게재된 마르크스의 논문은 그의 사상 발전에 매우 중요한 의의를 갖는다.

『독불연보』에 게재된 마르크스의 논문은 두 편이다. 하나는 「유대인 문제에 대하여」, 다른 하나는 「헤겔 법철학 비판 서설」이다. 마르크스는 이 두 논문에서 계몽주의로부터 이탈하기 시작했다.

『독불연보』 논문에서도 앞서 언급한 근대적 이원주의가 주제로 되었지만, 그 파악 방식은 훨씬 심화되었다.

『헤겔 국법론 비판』에서는 근대적 이원주의의 문제점은 무엇보다도 시민사회에 살고 있는 현실의 인간들이 보편적인 공적 영역, 즉 국가에서 소외되고 있다는 점에 있었다. 그래서 마르크스는 보통 선거권 등 민주적 제도를 통해 이 분열을 극복하려고 구상했다.

그런데 『독불연보』의 논문에서는 이 같은 시각은 배척된다. 왜냐하면 마르크스는 미국과 프랑스 등의 역사 연구를 통해 오히려 다음과 같은 결론을 얻었기 때문이다.

> "그러나 국가 관념주의의 완성은, 동시에, 시민사회의 물질주의의 완성이기도 했다. 정치적 굴레를 떨쳐낸 것은, 동시에, 시민사회의 이기적인 정신을 제약하던 유대를 저버린 것이기도 했다."(「유대인 문제에 대하여」)

근대 사회는 보통선거권 등의 정치적 민주주의가 실현되지 못했기 때문에, 시민사회와 국가로 분열되어 있는 것은 아니다. 예를 들어 미국과 프랑스를 보면 알 수 있듯이, 보통선거권이 실현된다고 해서 근대적 이원주의가 극복되는 것은 아니다. 오히려 그런 정치적 민주주의에 의해 근대적 이원주의는 더 순수하게 실현된다. 왜냐하면 정치적 해방으로 신분과 직업 단체에 근거한 특권이 폐지되어 시민사회에서 경제 활동이 더 순수한 영리 활동으로 변모

하기 때문이다. 여기에서 국가는 시민사회의 순수한 경제 활동을 보장하는 것, 예를 들어, 개인들의 사적 소유권을 보호하는 역할을 할 뿐이다. 이렇게 시민사회에서 인간은 유적 공동성에서 소외되고 사적 개인으로서 물질적인 이해만 추구하게 된다.

이와 같이 근대적 이원주의에 대한 인식이 깊어지면서, 마르크스의 관심은 자연스럽게 시민사회 그 자체의 상태로 향하게 된다. 이제 인간들은 근대적 이원주의의 구조 속에서 국가로부터 소외되고 있다는 것만은 아니다. 시민사회 속에서도 소외되고 있는 것이다.

그리고 이 시민사회에서 소외를 구현하는 것이 **화폐**다. 제각각의 사적 개인이 오로지 이기적인 이해를 추구하는 사회에서는 인간들 자신이 가진 힘이 인간으로부터 박탈되고 화폐의 힘으로 변환되어 버린다.

> "화폐는 인간의 노동과 인간의 현존재가 인간으로부터 소외된 것이며, 이 소원한 존재가 인간을 지배하고 인간은 그것을 숭배한다."(「유대인 문제에 대하여」)

사적 개인으로 구성된 시민사회에서는 신분 지배에 기초한 정치 권력이 존재하지 않는 대신 화폐의 힘이 막강해져 '세계의 지배 권력'이 되고 만다. 간단히 말해 돈이 전부이고, 돈만 있으면 뭐든지 가능한 사회가 되어 버린다.

여기에서는, 그 자신이 고유한 가치를 갖는 인간과 자연이 오로지 돈이라는 관점에서 평가되어 버린다. 마르크스는 근대 사회에서 모순의 근원으로 이와 같은 시민사회에서의 소외를 포착했다.

크게 바뀐 마르크스의 변혁 구상

근대에 대한 인식의 이와 같은 변화에 따라, 변혁 구상도 크게 바뀌었다. 변혁의 근거는 이제 정치적 이념이 아니라 시민 사회에서 생활하는 인간의 감성적 욕구에서 구해진다.

> "무릇 혁명에는 수동적인 요소가, 물질적인 기초가 필요하다. 이론은 언제나 그것이 인민의 욕구 실현인 한에서만, 그 인민에서 실현된다."(「헤겔 법철학 비판 서설」)

물론 마르크스가 이론의 역할을 경시한 것은 아니다. 그러나 아무리 고상한 이론을 주창한다 해도 그것이 사람들의 현실적 욕구와 결부되지 않으면, 그 이론은 현실 세계에 영향을 미칠 수 없다.

그럼 도대체 누가 근대 사회 자체를 근본적으로 변혁

할 것을 욕구하는 것일까. 프롤레타리아트, 즉 노동자 계급이 아닐 수 없다. 시민사회에서 소외의 영향을 가장 많이 받고, 가장 고통을 받는 계급인 프롤레타리아트가 변혁의 주역이 될 수 있다. 이제 과제는 단순한 정치 개혁이 아니라 사회 그 자체의 변혁이어야 한다.

이와 같은 변혁 구상의 전환으로 인해 마르크스는 『독불연보』의 공동 편집자인 루게와 격렬하게 논쟁하게 되었다. 루게는 1844년 6월에 슐레지엔에서 일어난 직포공의 봉기를 비판하며 말했다. "보편적인 공적 영역인 국가에서 분리된 곳에서 아무리 사회 운동을 해도 사회 문제는 해결되지 않는다. 오히려 독일에서 선결 과제는 정치 개혁이다."

그러나 마르크스는 루게의 주장을 정면으로 비판했다. 근대 국가의 보편성은 시민사회의 사적 이해의 대립을 전제로 한 편협한 보편성에 불과하다. 오히려 아무리 부분적이더라도 노동자들의 봉기에야말로 진정한 보편성이 잠재되어 있다. 분명히, 사회 변혁에 있어서는 정치적 행위도 필요하지만, 그 본질은 사회 시스템 자체의 변혁이어야만 한다.

이러한 이론적 전환과 함께, 마르크스는 청년 헤겔학파의 문제설정에서 탈피하기 시작했다. 즉, 이념에 의한 사회 변혁이라는 구상에서 멀어져 갔다.

예를 들어, 「유대인 문제에 대하여」에서는 지금까지 마르크스가 큰 영향을 받아온 바우어가 정면으로 비판된다. 인간은 종교로부터 해방됨으로써 비로소 인간으로서 해방될 수 있다는 바우어의 주장은 옳지 않다. 오히려 종교는 현실 세계에서 사람들의 고통의 표현이다. 사람들이 종교를 믿고 공상적인 행복을 추구하는 것은, 현실 세계에서 고통받고 현실적인 행복을 이룰 수 없기 때문이다. 그런 의미에서 종교는 사람들의 현세적 고통을 덜어주는 '민중의 아편'인 것이다. 그렇다면 종교로부터의 해방은 종교의 비판에 의해 완수되지 않는다. 그것은 현실 세계에서 인간다운 삶을 되찾음으로써 실현되어야 한다.

마르크스는 이상과 같이 바우어를, 더 근본적으로는 청년 헤겔학파의 종교 비판을 비판했는데, 그것은 당연히 의식의 변혁을 통해 현실을 변혁한다는 계몽주의에 대한 비판을 함축했다.

그러나 아직 『독불연보』에서는 계몽주의 비판은 전면에 나오지 않았다. 바우어 등의 종교 비판도 부정되는 것은 아니며, 오히려 그것을 출발점으로 현실 세계에서의 해방을 얻어 낼 것이 역설된다. 「헤겔 법철학 비판 서설」에서 "해방의 두뇌는 철학이며, 그 심장은 프롤레타리아트이다"라고 서술되어 있는 데서 보듯이, 변혁의 근거로서 감성적 욕구를 정립했다 해도, 여전히 이념의 힘이 큰 역할을 할 것으로 생각되었다.

『경제학 철학 초고』

『독불연보』는 완전한 실패로 끝났다. 독일에서 발매가 금지되고 프랑스에서는 묵살되었다. 프로이센 정부는 마르크스를 반역죄와 불경죄로 고발하고 체포 영장을 발부했다. 마르크스는 망명자가 되었다.

게다가 마르크스가 단순한 정치 개혁에서 사회 변혁의 입장으로 이행해 감에 따라, 공동 편집자인 루게와의 의견 차이가 커져서, 결국 둘은 결별했다.

망명자가 된 마르크스는 루게와 결별한 후에도 파리에 머물며 프랑스와 러시아의 사회주의자들과 교류했다. 그중에는 나중에 논적이 된 프루동과 루이 블랑, 그리고 바쿠닌도 포함되어 있었다. 마르크스는 또한 파리에 거주하는 독일인 노동자 그룹과도 접촉했다. 이러한 교류가 마르크스를 공산주의로 이끄는 계기가 된 것은 틀림없다. 하지만 이 시기 마르크스에게 결정적으로 중요했던 것은 경제학 연구를 비약적으로 발전시킨 것이다.

마르크스는 이미 파리에 도착했을 때부터 경제학 공부를 시작했다. 마르크스는 『독불연보』에 게재된 논문을 쓰면서, 장 바티스트 세, 칼 볼프강 슐츠, 프리드리히 리스트 등 유명한 경제학자들의 저작을 읽고 노트를 작성했다.

마르크스의 노트는 '발췌 노트'라고 불리는 것이 보통이다. 마르크스는 이미 대학 시절, 독서한 책에서 발췌해 필요에 따라 코멘트를 추가하는 공부 방법을 확립해, 평생 이 공부법을 바꾸지 않았다. 이 발췌 노트의 대부분은 현재도 남아 있기 때문에, 이 노트로부터 마르크스의 연구 과정이나, 저작에는 나타나지 않은 흥미와 관심을 알 수 있다.

『독불연보』 간행 후 마르크스는 잠시 경제학 공부를 중단했지만, 1844년 5월경에는 애덤 스미스의 명저『국부론』를 공부하기 시작했다. 이 저작에 자극을 받은 마르크스는 자신이 이해한 것을 정리하기 위해 지금까지 작성한 발췌 노트에서 인용하면서 자신의 코멘트를 써넣었다.

이때 작성된 장대한 코멘트가 이른바『경제학 철학 초고』이다.『경제학 철학 초고』는 마르크스의 견해가 체계적으로 정연하게 전개되어 있는 저작은 아니다. 오히려 이것은 경제학의 연구를 처음 본격적으로 시작한 마르크스가 급속하게 자신의 사상을 발전시켜 가는 과정을 보여준다.

사적 소유와 '소외된 노동'

그렇다면 마르크스는 이 시기 경제학을 공부함으로써

어떻게 자신의 사상을 발전시켜 갔을까.

가장 중요한 것은 마르크스가 시민사회에서 소외를 이론적으로 파악하기 위한 기초적인 방법론을 확립했다는 것이다.

분명히 마르크스는 이미 『독불연보』에 실린 두 논문에서 시민사회에서의 소외, 즉 화폐가 막강한 권력이 되어 인간을 지배한다는 소외에 대해 지적했다. 하지만 이것은 청년 헤겔학파의 일원이었던 모세스 헤스의 논의를 답습한 것에 불과했고, 이러한 소외가 왜 발생하는지에 대해서는 거의 아무것도 설명하지 않았다.

그러나 마르크스는 『경제학 철학 초고』에서 시민사회에서의 소외를 파악하기 위한 획기적인 길을 연다. 이것이 그 유명한 「소외된 노동」이라는 단편이다.

마르크스는 이 단편에서 다음과 같이 말했다. 지금까지의 모든 경제학은 상품과 화폐, 자본 등 사적 소유물로 이루어진 시스템에 대해 아무런 의문도 갖지 않고, 그것들을 전제로 하여 경제의 존재방식에 대해 생각해 왔다. 경제적 불평등과 빈곤을 비판하는 사회주의자들 중 다수도 사적 소유 시스템을 전제로 하고 소득의 평등을 실현하려 했다.

하지만 정말 질문해야 하는 것은 도대체 왜 상품이나 화폐라는 사적 소유물이 존재하느냐는 것이다. 상품이나 화폐로 이루어진 사적 소유 시스템이 존재하는 한, 경제적 격차의 확대나 빈곤의 확대, 공황 등의 문제가 반드시 발생한다. 그렇다면 사적 소유 시스템을 전제로 할 것이 아니라, 애초에 왜 그런 시스템이 존재하는지를 되물어야 한다. 마르크스는 그렇게 생각했다.

왜 상품과 화폐, 자본 등의 사적 소유물이 생겨나는 것인가. 마르크스는 그 근본 원인을 '소외된 노동'에서 찾았다. 즉, 노동의 존재방식이 소외되어 있기 때문에, 사적 소유물이라는, 인간들로부터 소원한 힘을 갖는 것이 생겨난다는 것이다.

노동의 존재방식이 소외되어 있다는 것은 어떤 사태일까. 이 초고에서 마르크스는 매우 철학적이고 추상적인 표현으로 설명하고 있지만, 쉽게 말하면 이런 것이다.

근대 사회에서 노동자의 대부분은 타인에게 고용되어 일하고 있다. 이렇게 타인에게 고용되어 행해지는 노동을 임금노동이라고 한다. 이 임금노동은 노동자가 스스로 행하는 노동이면서 자기 자신의 의사에 따라 행해지는 노동이 아니다. 왜냐하면 고용주의 지휘 명령에 따라 행해지는 노동이기 때문이다. 그러니까 근대 사회에서 임금노동은 스스로 행하는 노동이면서 자신에게 소원한 노동이 되어 버렸다. 이러한 노동을 마르크스는 '소외된 노동'이라고 불렀다.

자본주의를 문제 삼기까지

이처럼 타인에게 고용되어 타인의 명령에 따라 일할 때, 노동자는 노동용구나 원재료 등과 같은 생산수단에 대해서도 소원한 관계를 맺는다. 임금 노동자는 자기 집에서 자기의 친숙한 도구를 사용하여 일하는 직인이 아니다. 임금 노동자는 타인의 토지에서 타인의 노동용구를 사용하여 타인의 명령에 따라 노동한다. 그러니 내가 쓰는 노동용구라도 그것은 여전히 다른 사람의 것이고, 자기가 원재료를 가공하여 생산한 노동생산물 또한 다른 사람의 것이 된다. 이렇게 해서 근대의 노동자들은 생산수단이나 생산물에서 소외되고 만다. 생산수단이나 생산물도 노동자가 사용하고 생산한 것이지만, 사적 소유물로서 자립적인 힘을 갖고 노동자에게 적대적으로 된다. 마르크스는 여기에서 사적 소유 시스템의 근원을 본 것이다.

물론 여기에서 언급한 논리는 아직 매우 추상적이고 이해하기 어렵다. 보다 정확하고 구체적인 설명은 『자본론』의 완성을 기다려야 한다. 그러나 여기서 중요한 것은 사람들이 자명한 것으로 생각하는 상품이나 화폐, 자본 등을 그 근원에 있는 인간의 행동으로까지 거슬러 올라가 해명한다는 방법을 확립한 것이다. 이 방법이 『자본론』의 형성에서 결정적인 역할을 한다.

계몽주의의 비전을 넘어

또 하나의 중요한 포인트는 포이어바흐의 감성의 철학과 바우어의 자기의식의 철학을 종합하여 계몽주의적 변혁 비전을 뛰어넘으려 했다는 점이다. 마르크스는 이런 시도를, 바우어를 뛰어넘어 헤겔 자신의 철학의 비판, 그것도 헤겔 철학의 발상지라고 할 수 있는 『정신현상학』의 비판을 통해 이루고자 했다.

마르크스가 일찍이 바우어의 자기의식의 철학에 열광한 것은, 끊임없이 반성하는 자기의식에 의해 기존의 것을 비판하고 극복해 나간다는 혁명적인 성격이었다. 그러나 이미 본 바와 같이, 마르크스는 자기의식에 의한 사회 변혁을 부정적으로 생각하게 되었다. 자기의식 같은 추상적인 것이 아니라 현실에서 생활하는 인간, 단지 의식을 가질 뿐만 아니라 다양한 욕구와 감정을 가지고 오감으로 세계를 누리는 감성적 인간이 현실 사회를 형성하고 있기 때문이다. 이 점에서 마르크스는 포이어바흐로부터 큰 영향을 받았다.

반면 포이어바흐가 말하는 감성적 인간을 찬양하는 것만으로는 무력하다는 것을, 마르크스는 통감했다. 그런 감성적 인간은 국가에서 소외될 뿐만 아니라 시민사회에서도 소외되어 그 감성적 욕구의 실현을 저해당하고 있기 때문이다. 시민사회에서 성립하는 사적 소유 시스템, 오늘날 시장경제 시스템이라고 불리는 것이 대량의 프롤레타리아트를 낳아 그들을 빈곤에 빠뜨리고 있다. 그것에 대한 분석 없이 감성적 인간을 찬양해 봤자 무력한 것이다. 프롤레타리아의 감성적 욕구를 실현하기 위해서는 사적 소유 시스템이 만들어내는 소외를 극복하기 위한 동학을 찾아낼 필요가 있었다.

그래서 마르크스는 한편으로는 바우어의 자기의식의 추상성을 포이어바흐의 감성적인 인간의 관점에서 비판하고, 다른 한편으로는 포이어바흐의 감성적 인간의 정태성(靜態性)을 바우어의 자기의식 철학의 동학을 사용하여 비판함으로써 양자를 뛰어넘으려고 했다.

여기서는 이제 역사의 주체는 자기의식이 아니라 포이어바흐가 말하는 감성적 인간이다. 이 감성적 인간은 단순히 철학적 자기 반성을 통해 도야되는 것은 아니다. 감성적 인간은 **노동**으로 현실에서 자신의 능력을 대상화하고, 그 대상화의 존재방식을 자기 반성적으로 극복해 가는 것이다. 말하자면 노동에서 바우어의 자기의식의 동학과 포이어바흐의 감성적 인간이 접합되는 것이다.

이 노동하는 감성적 주체는 노동의 존재 방식을 더욱 고도로 발전시킨다. 예를 들어 밀을 제분하는 경우, 인류는 처음 돌 위에서 밀을 문지르다가 이윽고 맷돌을 발명했으며, 동력으로 가축이나 수차를 이용하게 되었다. 인간이 자기의식을 갖는 존재이기 때문에 이처럼 노동의 기술적 수준을 변혁해 갈 수 있었다.

그것만이 아니다. 인간은 노동의 존재방식을 사회적으로도 변용시켜 간다. 예를 들어, 공동체에서 인간은 자신의 노동 생산물을 사람들의 공유물로 생산하지만, 근대 사회에서는 노동 생산물을 상품으로 사적 소유물로 생산한다. 인간은 자기의식을 갖는 존재이기 때문에, 일정한 사회 관계를 형성하고 역사적 발전과 함께 그것을 변혁해 간다. 그래서 마르크스는 근대 사회에서 소외된 노동의 존재방식도 변혁해 갈 수 있다고 생각했다.

이 점에서 마르크스는 헤겔마저 뛰어넘는다. 헤겔은 바우어와 달리 역사의 동학을 파악할 때 노동을 중시하지만, 노동에서 자기 능력의 대상화를 소외와 동일시한다고 마르크스는 비판한다. 헤겔은 관념론적 입장이기 때문에, 인간에 대한 사물의 소원성의 원인을 인간이 아직 그 사물이 자신의 산물임을 모른다는 점에서 구한다. 따라서 그 극복도 의식 속에서 단지 인식함으로써 이루어질 뿐이다.

그러나 이러한 극복의 방법으로는, 현실의 사적 소유 시스템은 꿈쩍도 하지 않는다. 오히려 문제는 인간이 자신의 노동 생산물에 대해 현실에서 부여하는 소원한 성격, 즉 사적 소유물로서의 성격이다. 이것은 결코 의식 속에서 극복할 수 없으며, 실천으로 현실의 소외된 노동의 존재방식

자체를 바꿔야 한다. 이처럼 마르크스는 생각했다.

이와 같이 마르크스는 계몽주의를 명확하게 비판하는 입장으로 이행했다. 이제 철학자에 의한 이념적 비판은 변혁에 대해 중요한 의미를 갖지 않는다. 현실에서 생활하고 노동하는 인간들 자신이 노동을 통해 자신을 도야하고 사회를 변혁하는 주체로서 자신을 형성해 간다.

엥겔스와의 재회와 바우어와의 최종 결별

『경제학 철학 초고』를 다 쓸 무렵 마르크스는 평생의 동지가 되는 프리드리히 엥겔스와 재회한다.

사실 마르크스는 이미 1842년에 엥겔스를 만났다. 하지만 그때는 엥겔스를, 당시 마르크스가 혐오하던 공상적 사회주의자의 일파로 간주하고 냉담한 태도를 취했다. 그러나 마르크스는 『독불연보』에 게재된 엥겔스의 논문 「국민경제학 비판 대강」에 감명을 받아 엥겔스에 대한 평가를 바꿨다.

1844년 8월 28일, 마르크스와 엥겔스는 당시 파리에서 가장 유명한 카페였던 카페 드 라 레장스에서 재회했다. 두 사람의 대화는 열흘간이나 지속되었다. 엥겔스의 증언에 따르면, "모든 이론적 분야에서 우리의 의견이 완전히 일치하고 있는 것이 분명해졌다." 여기서부터 두 사람의 협력 관계가 시작된 것이다.

엥겔스는 마르크스보다 두 살 아래임에도 불구하고, 이 시점에서는 경제학 분야에서 마르크스를 앞서고 있었다. 매우 박학했으며, 사회과학뿐만 아니라 나중에는 자연과학이나 군사학에도 정통했고, 어학에도 능숙했다. 또한 명저 『영국에서의 노동자 계급의 상태』(1845년)에서 보듯이, 저널리스트로서의 재능도 갖추고 있었다. 이 책은 엥겔스가 약관 24세 때 쓴 것임에도 불구하고, 탁월한 르포르타주이며 마르크스의 '좌우서'가 되었다.

그만한 능력을 가지고 있었지만 엥겔스는 자신의 연구 활동을 희생하고 마르크스의 일을 지원하는 쪽으로 돌아섰다. 엥겔스는 마르크스가 뛰어난 천재임을 간파했던 것이다. 엥겔스는 다음과 같이 말했다.

"마르크스는 우리 누구보다 훨씬 높은 곳에 서서, 훨씬 멀리까지 사물을 보고, 훨씬 많은 것을 재빨리 전망했다. 마르크스는 천재였다. 우리들은 기껏해야 재능이 좀 있을 뿐이었다." (『포이어바흐와 독일 고전철학의 종말』)

자본주의의 현실에 정통하고, 자기 이론의 좋은 이해자였던 엥겔스와의 협동은 마르크스에게 매우 중요했다. 그뿐만 아니다. 마르크스는 나중에 경제적 빈궁에 여러 차례 빠졌는데, 엥겔스가 아버지의 회사에서 일하면서 마르크스를 재정적으로 지원했다. 이 재정적 지원 없이 『자본론』의 완성은 있을 수 없었을 것이다.

한편, 마르크스가 파리에서 이론적인 도약을 이루고 있었을 무렵, 독일에 남은 청년 헤겔학파 논객들은 혼미의 일로를 걷고 있었다. 한때 마르크스가 그토록 영향을 받은 바우어는 자신들의 이론이 전혀 영향력을 갖지 못하는 현실에 짜증이 나서, 세속적인 대중을 경멸하고 '순수 비판'에 의해 모든 것을 철저히 비판해야 한다는 주장까지 했다.

흔히 있는 이야기지만 현실적 기반 없이 현실을 근본적으로 변혁하려 들면, 공허한 것이 되고, 극단적으로 주관적인 이론으로 귀착된다. 1968년 이후 대중으로부터 고립된 일본의 신좌익이 점점 주관적인 이론으로 기울어지게 된 것과 같다.

이제 마르크스에게 바우어와의 대립은 분명해졌다. 그리하여 마르크스는 엥겔스와의 공저 『신성가족』(1844년)에서 바우어를 전면적으로 비판했다.

포이어바흐 비판으로

『신성가족』의 집필을 마친 후, 마르크스는 파리에서도 추방당했다. 마르크스는 『전진』이라는 잡지에서 앞서 언급한 루게 비판 논문을 발표했는데, 그 논문의 내용이 프로이센 정부를 자극한 것이다.

프로이센 정부는 프랑스 정부를 압박하는 압력을 넣어, 마르크스에게 국외 퇴거 명령이 내려졌다. 1845년 2월 마르크스는 브뤼셀로 망명했다. 이 망명에 즈음하여 마르크스는 벨기에 정부에게 정치적 논문을 발표하지 않겠다는 서약을 해야 했다.

파리에 체류하는 동안 마르크스는 일관되게 포이어바흐의 감성적 인간의 철학, 그 휴머니즘을 찬양했다. 바우어 등의 추상적인 자기의식의 철학을 비판하려면, 감성적 인간의 편에 서야 한다고 생각했기 때문이다. 그러나 이제 마르크스는 이 포이어바흐의 감성적 인간의 철학에 대해서도 비판의 화살을 돌리기 시작했다.

첫 번째 계기는 청년 헤겔주의의 논객 중 한 명인 막스 슈티르너에 의한 비판이다.

슈티르너에 따르면, 바우어든 포이어바흐든 '보편적 본질'이나 '유적 본질'이라는 형태로 현실 개개인에게는 소원한 존재를 이상적 실체로 치켜세웠다. 이 점에서는 포이어바흐의 철학적 개념을 계승한 마르크스도 다르지 않았다. 그러나 해야 할 것은, 어떤 것이든 살아 있는 개인인 '유일자(唯一者)'로부터 괴리된 실체를 비판하는 것이다. 이렇게 슈티르너는 자아의 입장을 철저히 하는 에고이즘을 주장한 것이었다. 실존주의 철학의 선구라고도 일컬어지는 이유이다.

이미 계몽주의에서 이탈하기 시작했던 마르크스에게 슈티르너의 비판은 계몽주의의 한 변종일 뿐, 내용적으로는 아프지 않았다. 하지만 『독불연보』나 『신성가족』에서 포이어바흐의 개념에 의거했고, 또 그것을 칭찬했기 때문에, 포이어바흐와 같은 약점을 공유하고 있다는 오해를 받을 우려가 있는 것은 사실이었다. 이 점을 마르크스는 알아차렸다.

마르크스의 진의는 어디까지나 포이어바흐의 감성적 인간의 철학에 의해 계몽주의를 탈각하는 것이었다. 그러나 포이어바흐 자신은 여전히 계몽주의의 입장에 서 있었다. 감성적 인간의 철학에 따라, 종교를 믿는 사람들을 계몽하고 사람들을 종교로부터 해방시키는 것이 포이어바흐의 목적이었기 때문이다.

이로써 마르크스는 자신의 입장을 분명히 하기 위해서는 이제 포이어바흐도 비판해야 한다는 인식에 도달했다. 게다가 브뤼셀 도착 후, 이를 뒷받침하는 사건이 있었다. 그것은 포이어바흐로부터의 편지와 헤르만 크리게와의 논쟁이다.

엥겔스의 증언에 따르면, 공산주의에의 협력을 호소하는 엥겔스의 편지에 대해, 포이어바흐는 이렇게 응답했다. "자신이 저술가로서 공산주의를 주장할 정도로까지 공산주의를 추구하려면, 먼저 종교적인 오물을 철저하게 근절해야 합니다."

마르크스는 포이어바흐와 유사한 입장에 있었던 크리게가 브뤼셀에 체류하고 있었기 때문에, 서로 교류하며 논쟁을 벌였다. 이때 양자의 논쟁에 대해 크리게는 포이어바흐에게 보내는 편지에서 다음과 같이 보고했다.

> 그들 [마르크스와 엥겔스를 가리킨다]은 휴머니스트이고자 하면서 프롤레타리아트가 기계로 전화되는 것을 열심히 반대하지만, 그럼에도 불구하고 인간에 대하여 보잘것없는 물질적인 시각을 가지고 있습니다. 따라서 그들은 대체로 인간 자신을 인정하는 용기를 갖고 있지 못합니다.(1845년 4월 18일 자)

크리게의 견해는 진정 사회주의 바로 그것이었다. 진정 사회주의는 프랑스의 사회주의 사상에 포이어바흐의 감성적 철학을 접합한 것으로, '인간'을 감상적인 미사여구로 찬양할 뿐, 인간이 현실에서 생활하는 실천적인 사회 관계를 직시하려 하지 않았다.

이처럼 마르크스는 포이어바흐의 철학 역시 근본적으로 비판되어야 함을 깨달았다. 포이어바흐와 같은 방식으

자본주의를 문제 삼기까지

로 감성적 인간을 찬양하는 것은 오히려 사회 변혁에 대립하는 것임을 마르크스는 알게 되었다.

그래서 마르크스는 수첩에 '포이어바흐'라는 표제를 붙이고, 열한 개의 테제를 적었다. 이것이 유명한 『포이어바흐 테제』이다.

'포이어바흐 테제'의 '새로운 유물론'

'포이어바흐 테제'에는 대체로 다음과 같은 것이 쓰여 있다.

포이어바흐는 휴머니즘적인 이념으로 사람들의 잘못된 의식을 계몽하고 변혁하려고 한다. 하지만 사람들의 의식의 존재방식은, 오히려 현실 세계의 존재방식의 반영에 지나지 않는다. 이미 「헤겔 법철학 비판 서설」에서 갈파했듯이, 종교라는 의식 속에서의 소외 또한 현실 세계의 소외를 반영한 것에 불과하다.

그렇다면 자기의식이든 감성적 인간이든 유일자이든 어떤 '올바른 이념'을 주장하고 이를 통해 사람들의 잘못된 인식을 바로잡는 방식으로는 사회를 변혁할 수 없다. 오히려 그러한 의식을 낳는 현실 세계의 존재방식, 현실의 생활이나 노동의 존재방식을 이론적으로 분석하고 변혁해야 한다.

계몽주의는 사회 변혁에 유효하지 않은 것만이 아니다. 오히려 해악이 될 수 있다. 아무리 '현실'이나 '인간'을 주장한다 해도, 계몽주의는 현실 사회에 어떤 이상을 대치하는 것으로 만족하고 현존하는 사회 시스템을 구체적으로 분석하지 않기 때문이다.

예를 들어, 포이어바흐와 크리게는 소외된 현실에 감성적 인간을 이념적으로 대치하는 데 그치고, 이 감성적 인간들이 어떤 현실적 관계에서 생활하고 노동하고 있는지에 눈을 돌리려 하지 않았다. 감성적 인간들이 실제로 어떻게 생활하고 노동하고 있는지를 분석하지 못하면, 현재의 사적 소유 시스템이 갖고 있는 특수한 성격을 이해할 수 없다.

마르크스는 다음과 같이 썼다.

"직관적 유물론, 즉 감성을 실천적 활동으로 파악하지 않는 유물론이 도달하는 최상의 것은 개별적인 개인의 직관이자 부르주아 사회의 직관이다."

예를 들어, 계몽주의적 발상에 사로잡혀 있는 사람은 빈곤이나 격차의 문제를 휴머니즘적으로 탄핵하는 것에 만족하며, 이러한 빈곤이나 격차를 낳고 있는 부르주아 사회 자체를 문제 삼지 않는다. 그렇기 때문에 단지 직관함으로써 사람들을 계몽하고자 하는 입장은, 비록 그것이 유물론이라 하더라도, 부르주아 사회의 직관, 혹은 부르주아 사회에서 서로 고립되어 있는 사적 개인의 직관에 머무르는 것이다.

여기에서 말하는 것은 계몽주의의 불충분성만이 아니다. 즉, 사람들을 계몽하는 것만으로는 안 된다는 것은 아니다. '왜, 어떻게' 소외가 생기는지를 묻지 않는, 계몽주의의 문제설정 자체에 내재하는 근본적인 결함을 지적하고 있는 것이다.

그리고 마무리의 열한 번째 테제에서 마르크스는 다음과 같이 적었다.

"이제까지 철학자들은 단지 세계를 다양하게 해석해 왔을 뿐이다. 중요한 것은 그것을 변혁하는 것이다."

이 너무나 유명한 테제는 단순히 이론적 활동을 비판하고 실천을 찬양하는 것은 아니다. 마르크스는 사회 변혁에 있어서 이론의 의미를 청년 헤겔학파와는 전혀 다른 방식으로 파악하려고 했다.

마르크스에게, 세계를 해석하고 어떤 '올바른 이념'(예를 들어, 자기의식, 감성적 인간, 유일자 등)을 찾아내고, 이를 통해 잘못된 이념에 사로잡힌 사람들을 계몽하는 것이 이론의 역할은 아니다. 오히려 기존의 이데올로기나 사회의 존재방식을 낳는 현실적 관계들을 분석하고, 변혁의 가능성과 조건을 밝히는 것이 이론의 역할이다.

쉽게 말하면, 이론의 역할은 '무엇이 잘못되어 있는지, 무엇이 옳은지'를 밝히는 것이 아니라, '왜, 어떻게 소외가 발생하는지'를 현실의 관계에서 밝히는 것이며, 이를 통해 어디에서 어떻게 싸워야 사회를 바꿀 수 있는지를 보여주는 것이다.

이론을 맹신해서는 안 된다. 아무리 '올바른' 이론을 주창했다고 해도, 그것으로 사회를 변혁할 수 있는 것은 아니다. 어디까지나 변혁을 행하는 것은 현실의 인간이며, 그렇기 때문에, 이 현실의 인간들이 실제로 생활하고 노동하는 현실적 관계들을 분석하는 것이 변혁에 있어 결정적인 의미를 갖는다. 이를 위해서, 세계의 본질은 '무엇'인지, '무엇'이 올바른 것인지를 묻는 것이 아니라, '왜, 어떻게' 세계가 현재와 같은 형태로 존재하는가를 물어야 한다. 이것이 마르크스의 메시지이다.

철학으로부터의 이탈

이러한 입장에 섰을 때, 마르크스에게 철학은 이미 극복해야 할 대상에 지나지 않았다.

물론 마르크스는 『경제학 철학 초고』에서 철학 비판을 시작했다. 그러나 거기서 비판의 대상은 철학의 사변성이요, 추상성이었다. 포이어바흐의 감성적 인간의 철학은 '새로운 철학'으로 여겨지며 찬사를 받았다.

하지만 이제 마르크스는 더욱 철저하게 '철학적 양심의 청산'으로 나아갔다. 마르크스는 브뤼셀에서 합류한 엥겔스와 함께 『독일 이데올로기』를 집필하면서, 다음과 같이 철학을 비판한다.

> "포이어바흐는 다른 경쟁자들과 마찬가지로 철학을 극복했다고 굳게 믿고 있다! 지금까지 개인을 억압해 온 보편적인 것에 맞선 싸움은 독일의 철학적 비판의 입장을 요약한다. 우리는 이 싸움이, 그것이 행해지는 방식에 있어서, 그 자체 철학적 환상(철학적 환상에 대해서는 이 보편성이 하나의 폭력이었지만)에 근거하는 것임을 주장한다."

마르크스에 따르면, 포이어바흐와 슈티르너는 사변적이고 추상적인 철학에 '감성적 인간'이나 '유일자'를 대치하는 것으로써 그것을 극복했다고 생각하지만, 실제로는 그런 철학에 대한 '싸움'도 그 '방식'도 '철학적 환상'에 바탕을 둔 것일 뿐이다.

왜냐하면, 그 '싸움'은 추상적인 보편적 이념이 그 자체로 개인을 억압하는 현실적 지배력을 갖는다는 환상에 근거한 이념에 대한 투쟁일 뿐이기 때문이다. 따라서 그 싸움의 '방식'도 추상이나 보편을 머릿속에서 내쫓든가, 다른 선한 이념으로 바꾸면 된다는 식의 계몽주의에 빠지고 만다.

여기서의 마르크스의 철학 비판은, 단지 철학의 추상성을 비판하는 것은 결코 아니다. 오히려 마르크스에게는 이러한 추상이나 보편이 왜 개개인에 대해 소외 상태로 나타나는지를 현실적인 관계에서 밝히는 것이 철학 비판일 수 있다. 왜냐하면 그런 비판이야말로 현실적 관계의 변혁에 이바지할 수 있기 때문이다.

물론 마르크스가 철학을 비판하고 극복했다는 것이, 마르크스가 철학의 의의를 부정했다는 것은 아니다. 마르크스는 평생 철학을 사고의 무기로 계속 사용했다. 그것은 문학가가 되는 것을 포기한 마르크스가 문학을 수사학의 무기로 계속 사용했던 것과 같다.

실제로 『자본론』의 초고 집필에서, 헤겔의 논리학이 큰 역할을 하고 있어, 마르크스는 '헤겔의 제자'를 자인하고 있을 정도이다. 오히려 마르크스에게 철학의 중요성은, 그의 철학 비판을 이해함으로써 충분히 이해할 수 있을 것이다.

어쨌든, 이 시기에 마르크스의 이론 틀은 거의 확정된

다. 이후 이론의 내용은 만년에 이르기까지 상당히 발전하지만, 변혁에 있어서의 이론의 자리 매김이라는 의미에서 마르크스는 이 이론 틀을 계속 유지한다. 마르크스는 여기에서 확립된 자신의 입장을 '새로운 유물론'으로 명명했다. 이 '새로운 유물론'을 마르크스가 계속 유지했음은, 다음의 『자본론』의 한 구절에서도 명백하다.

> "사실 분석을 통해 종교적 환영의 현세적 핵심을 찾는 것은, 역으로 그때그때의 현실적 생활의 여러 관계로부터 그 천국화된 형태들을 설명하는 것보다 훨씬 쉽다. 후자가 유일하게 유물론적인, 따라서 과학적인 방법이다."(『자본론』 제1권)

포이어바흐처럼, 종교의 현세적 핵심이 인간이라는 것을 지적하는 것만으로는 유물론이라고 할 수 없다. 오히려 인간들이 생활하는 현실적 관계에서 그 이념적 형태들을 설명하는 것이 '유일하게 유물론적 방법'이다.

이러한 '새로운 유물론'을 통해, 사회 시스템을 급진적으로 분석하는 방법을 확립한 것이 젊은 마르크스에게 결정적이었던 것이다.

새로운 변혁 구상과 '유물사관'

'새로운 유물론'을 확립한 마르크스는 2년 정도 사이에, 지금까지의 어떤 좌파와도 다른 획기적인 변혁 구상을 정립했다. 철학적 발상의 잔재 때문에 여전히 추상성을 띠고 있던 『경제학 철학 초고』의 변혁 구상을 뛰어넘어, 철학적 어휘에 전혀 의존하지 않고 '유물사관'이라는 보다 구체적인 비전을 확립한 것이다.

『독일 이데올로기』(1845~47년)에서 다듬어지고, 『철학의 빈곤』(1847년), 『공산당선언』(1848년) 등에서 제시된 이 변혁 구상에 대해 살펴보자.

이제 철학적 문제구성에서 완전히 이탈한 마르크스에게, 어떤 이념에서 출발해 변혁을 구상하는 것은 문제되지 않는다. 예를 들어, 마르크스는 실현해야 할 사회 모델이나 규범이 먼저 있고, 그것을 실현한다는 식의 변혁 구상을 결코 취하지 않았다. 단적으로 말해, 그러한 변혁 구상은 실현 불가능하기 때문이다.

그렇다면 마르크스는 무엇을 출발점으로 변혁을 구상하는 것인가. 마르크스가 주목한 것은 **물질적 생활의 재생산**이다.

분명히 인간은 고도의 자기의식을 가진다는 점에서 동물과 구별된다. 하지만 역시 동물과 마찬가지로, 먹거리를 확보해야 생명을 이어갈 수 있고, 생식 활동을 해야 자손을 남길 수 있다. 자기를 의식하고 사고하는 정신적 활동도, 물질적 생산 활동에서 분리해서 생각할 수 없다. 인간은 아무리 고도의 자기의식을 갖고 지적 활동을 하더라도, 하나의 생명 유기체로서 자신의 생명을 재생산하기 위한 물질적인 조건에 제약 받고 있다. 그러므로 인간 사회에 대해 고찰할 때, 무엇보다도 먼저 사회에서 어떻게 인간들의 물질적 생활이 재생산되고 있는지, 그 방식에 주목해야 한다.

물질적 생활의 재생산 존재방식은, 인간이 생산 활동을 할 때 인간들 간에 맺는 관계, 즉 **생산관계**의 존재방식에 따라 변화된다. 인간은 동물과 달리 단지 무리를 이루는 것뿐만 아니라, 인간들 간의 관계의 방식을 변화시켜 간다.

예를 들어, 원초적 사회에서 인간들은 공동체를 형성하고 모두가 공동체의 일원으로서 노동하고, 생산물을 공유물로 생산한다는 생산관계가 성립했다. 그러나 이 생산관계는 시대가 변하며 원초적 공동체, 노예제, 봉건제, 자본주의 등과 같이 변화해 갔다(다만 이 시점에서 마르크스는 자본주의라는 용어는 사용하지 않았고, 나중에는 역사 발전에 대한 관점은 더욱 복잡해졌다).

그럼 이 생산관계는 무엇을 동인으로 변화해 가는 것인가. **생산력의 발전**이다. 이미 본 것처럼, 인간들은 자기의식을 갖는 존재이기 때문에, 물질적 재생산의 존재방식을 기술적으로 변화시켜, 서서히 노동의 생산력을 상승시켜 간다. 생산력이 상승해 가면, 어느 시점에서 기존의 생산관계와 잘 합치하지 않게 되어, 그것과 충돌하게 된다. 그러면 이 충돌이 정치적 의식에 반영되어, 생산관계는 생산력에 조응하는 형태로 변혁된다.

예를 들어, 봉건제 내부에서 생산력이 발전하고 잉여생산물(생산자 자신의 생활에 필요한 이상의 생산물)이 증가하면, 그것이 상품으로서 판매되어 화폐경제가 침투해 간다. 그러면 보다 자유롭게 상업 활동을 하고 싶다는 요구가 높아져, 봉건적 규제를 철폐하자는 정치 운동이 대두된다. 그리고 시민혁명 등의 정치적 변혁을 통해서 생산관계가 변혁되어 부르주아적 생산관계, 즉 자본주의적 생산관계가 생겨난다.

부르주아적 생산양식의 한계

이 새롭게 태어난 부르주아적 생산관계는, 그 이전의 원초적 공동체나 노예제, 봉건제 등과는 다른 특징을 갖고 있다. 그 이전의 생산관계가 기본적으로 직접적인 인격적 의존관계에 기초했던 반면, 부르주아적 생산관계는 직접적으로는 금전 관계, 상품과 화폐와의 관계에 기초한다. 거기에서 인간들은 금전 관계를 매개로 하여 서로 관계를 맺는다. 판매자와 구매자, 임대인과 임차인, 고용주와 임금 노동자 등은 모두 상품과 화폐를 매개로 연관된다.

이렇게 해서 그때까지 정치적 권위나 종교적 권위로 분장되어 있던 착취 관계가 단순한 금전 관계로 대체되고, 이해 관계가 노골적으로 드러나는 사회가 된다. 부르주아지는 끊임없이 더 큰 이윤을 얻기 위해 경쟁하고, 경쟁에서 이기기 위해 끊임없이 생산 용구나 생산 방법을 개량하고, 생산력을 높여 간다. 그리고 생산한 상품을 판매하기 위한 판로를 확대하기 위해, 전 세계에 부르주아적 생산양식을 보급시켜, 세계 시장이 형성된다. 부르주아지는 경쟁에 강제되어 과거에 인류가 이룬 적이 없는 거대한 생산력의 발전을 전 세계적으로 추진해 나갈 것이다.

그러나 이 부르주아적 생산양식에서도 봉건제와 마찬가지로, 어느 일정한 단계에서 생산력과 생산관계가 충돌한다. 자본주의는 스스로 창출한 거대한 생산력을 제어할 수 없게 된다.

이에 대해 멋지게 묘사한 『공산당선언』의 한 구절을 인용하자.

"부르주아적 생산관계와 교통관계, 부르주아적 소유관계, 즉 이와 같이 강대한 생산수단과 교통수단을 마법으로 불러낸 근대 부르주아 사회는, 자신이 불러낸 지하의 마물(魔物)

을 더 이상 통제할 수 없게 된 마법사와 비슷하다. 지난 수십 년 동안, 공업과 상업의 역사는, 이제 부르주아지와 그 지배의 생존 조건인 근대적 생산관계, 소유관계 등에 대한 근대적 생산력의 반역의 역사일 뿐이다. 여기에는 주기적으로 반복될 때마다 점점 심해져, 전체 부르주아 사회의 존립을 위협하는 상업 공황을 꼽으면 충분하다. 공황기에는 지금까지의 어느 시대의 눈에도 부조리하다고 생각되었을 사회적 역병, 즉 과잉 생산의 역병이 발생한다. 사회는 돌연 일순간의 야만 상태로 되돌아감을 알게 된다. 마치 기근이, 마치 전반적인 파괴 전쟁이, 사회로부터 일체의 생활자료의 공급을 끊은 것처럼 보인다. 공업도 상업도 파괴된 것처럼 보인다. 도대체 왜인가? 너무 많은 문명, 너무 많은 생활 자료, 너무 많은 공업, 너무 많은 상업을 사회가 갖고 있기 때문이다. 사회가 쓸 수 있는 생산력은 더 이상 부르주아 문명과 부르주아적 소유관계를 촉진하는 데 도움이 되지 않는다. 반대로 이 생산력은, 이 소유관계에 대하여 너무 강대해져, 그로인해 방해받고 있다. 그리고 생산력이 이 장애를 극복하자마자, 그것은 전체 부르주아 사회를 무질서하게 만들고 부르주아적 소유의 존립을 위태롭게 한다. 부르주아적 관계는 너무 협소해져서 자신이 만들어 낸 부를 담을 수 없게 되었다."

이렇게 부르주아 사회하에서 성장한 생산력과 부르주아적 생산관계가 충돌하기에 이른다. 부르주아지는 이 충돌을, 시장을 더욱 확대함으로써 극복하려 하지만, 그것은 결국 더 전면적인 공황을 준비하고 공황을 예방하는 수단을 줄일 수밖에 없다. "부르주아지가 봉건 제도를 전복하기 위해 사용했던 무기가 이제는 부르주아지 자신을 향하고 있다"(『공산당선언』).

자유의 조건으로서의 어소시에이션

그러나 부르주아지는 자신을 매장해 버리는 무기만 만들어 낸 것이 아니다. 이 무기를 드는 사람들도 만들어 냈다. 프롤레타리아트이다.

프롤레타리아트는 노예나 농노처럼 인격적 의존관계로 묶여 있지 않지만, 반면에 노동력 이외에는 판매할 것이 아무것도 없는 무소유자가 되어 버렸다. 그들은 부르주아 사회의 경제 변동의 영향을 가장 받기 쉽고, 끊임없이 빈곤에 빠질 가능성에 노출되어 있다. 더구나 생산력 증대를 위한 수단으로 기계 등의 도입이 진행되면, 일의 내용은 단순 노동이 되고, 임금 노동자의 입지는 점점 취약해지고, 노동 조건은 더욱 가혹해진다.

그러나 그들은 임금 노동자로 살아 가기 위해 단결하

여 싸워야 한다는 것을 깨닫는다. 처음에는 일시적인, 그리고 서서히 지속적인 결사를 형성한다. 그들 사이의 경쟁을 억제함으로써 부르주아지에 대해 노동조건의 개선을 요구한다. 자발적 결사를 형성하는 것을 어소시에이트라고 하며, 어소시에이트에 의해 형성된 결사를 **어소시에이션**이라고 하는데, 프롤레타리아트는 자신의 생활을 지키기 위해, 노동조합이라는 어소시에이션을 형성해 간다.

물론 부르주아적 생산양식에서 임금 노동자는 서로 경쟁하기 때문에, 이 단결은 영속적인 것이 아니라 끊임없이 분열된다. 노동자가 단결하여 얻어낸 승리는 일시적인 것일 뿐이다. 그럼에도 불구하고 노동자는 생활을 방위하기 위한 투쟁의 경험으로부터, 어소시에이션의 중요성을 배워 간다.

> "단결은 항상 하나의 이중 목적, 즉 동료들 간의 경쟁을 중지시켜서 자본가에 대한 전면적 경쟁을 할 수 있도록 한다는 목적을 가진다. 비록 최초의 항쟁 목적이 임금의 유지에 불과했다 해도, 다음으로 자본가들이 억압이라는 동일한 생각으로 결합함에 따라, 처음에는 고립되어 있던 단결들이 집단을 형성한다. 그리고 항상 결합하고 있는 자본에 직면해, **어소시에이션의 유지가 그들에게 임금의 유지보다 중요해진다.**"(『철학의 빈곤』)

이러한 어소시에이션을 형성해 가는 가운데, 이윽고 임금 노동자들은 스스로를 하나의 계급으로 조직해, 자본가 계급과의 정치 투쟁을 행할 필요성을 자각해 간다. 앞서 언급한 생산력과 생산관계의 충돌이 사람들의 정치적 의식에 반영되어, 노동자 계급의 정치적 입장에 합류하는 사람들을 늘려 간다. 그리하여 노동자 계급의 정치 투쟁은 혁명적 투쟁으로 된다.

이 혁명의 첫 걸음은 "프롤레타리아트를 지배 계급으로 높이는 것이며, 민주주의를 쟁취하는 것이다"(『공산당선언』). 지배 계급이 된 프롤레타리아트는 근대 부르주아 사회의 근본적인 변혁을 수행한다.

첫째, 생산관계를 사적 소유 시스템에 기초하는 것으로부터, 어소시에이션에 기초한 시스템으로 전환한다. 이 시스템에서는 사람들의 생산 활동이 시장에 농락되는 것이 아니라, 반대로 자유롭게 어소시에이트한 사람들이 생산 활동을 제어한다.

둘째, 근대적 이원주의에 기초한 근대 국가라는 정치 시스템도 변혁한다. 프롤레타리아트가 지배 계급이 된다는 것은, 단순히 노동자를 지지자로 하는 정당이 정치 권력을 잡는다는 것이 아니다. 그것은 보다 민주주의적 정치 시스템의 형성이어야 한다. 이 새로운 정치 시스템의 이미지를, 나중에 마르크스는 1871년 파리 코뮌으로부터 파악하게 된다.

이러한 생산관계 및 정치 시스템이 형성되면 프롤레타리아트는 지배 계급일 필요가 없어져, 이윽고 사회 시스템은 정치적 성격을 잃는다. 이렇게 "계급과 계급대립을 수반하는 구 부르주아 사회를 대신해, 각자의 자유로운 발전이 만인의 자유로운 발전의 조건이 되는 하나의 어소시에이션이 나타난다"(『공산당선언』).

경제학 비판으로

지금까지 우리는, 문학에 열중했던 새내기 대학생 마르크스가 청년 헤겔학파와의 대결, 저널리스트로의 활동, 경제학의 연구 등을 통해서, 마침내 '새로운 유물론'과 그것에 기초한 변혁 구상을 확립한 것까지 살펴보았다. 그기간은 불과 10년이다. 이 시점에서 마르크스의 사회 시스템의 분석 시각과 변혁의 기본 구상이 정해졌다고 할 수 있다.

이제 우리는 이 책 첫머리에서 언급한 『자본론』의 한 구절의 의미를 명확하게 이해할 수 있다.

"비록 한 사회가 그 사회의 운동의 자연 법칙을 발견했다 해도—그리고 근대 사회의 경제적 운동 법칙을 폭로하는 것

자본주의를 문제 삼기까지

이 이 저작의 최종 목적이다—그 사회는 자연적인 발전의
제 단계를 뛰어넘을 수도, 그것들을 포고령으로 제거할 수
도 없다. 그러나 그 사회는 출산의 고통을 줄이고 완화할 수
는 있다."

변혁의 근거는 머릿속에서 꾸며 낼 수 있는 것이 아니
다. 그것은 마치 아이가 어머니의 자궁 안에서 잉태되는 것
과 같이, 우리가 살아가는 사회 속에서 잉태된다. 앞서 본
생산력과 생산관계의 충돌이라는 객체적인 요소, 그리고
프롤레타리아트의 어소시에이션이라는 주체적인 요소가
그것이다. 마르크스는 파리 코뮌에 대해 논한 『프랑스 내
전』에서 이렇게 서술했다.

"그들은 실현해야 할 이상을 갖고 있는 것이 아니다. 그들은
단지 붕괴되고 있는 부르주아 사회 자신이 잉태하고 있는
새로운 사회의 요소들을 해방시켜야 할 뿐이다."

새로운 사회 요소들이 형성되어 있지 않으면, 정치적
권력에 의해 어떤 '포고령'을 내려도, 새로운 사회를 만들어
낼 수 없다. 태아가 미성숙한 단계에서는 어머니가 아기를
낳을 수 없는 것과 마찬가지이다. 그렇다면, '사회의 운동
의 자연 법칙'을 이해하는 것의 의미는 어디에 있는가. '출

산의 고통을 단축하고 완화하는 것'이다.

어머니가 태아를 낳을 때 '진통'이 필요하듯이, 우리들이 부르주아 사회 안에서 잉태된 새로운 사회를 실제로 낳을 때는, 인간들의 주체적인 노력이 필요하다. 그리고 그때, 어머니가 진통으로 고생하듯이, 격차나 빈곤의 증대, 공황의 격화, 환경 파괴의 진행 등 다양한 '산통(産痛)'에 직면하게 될 것이다. 경우에 따라서는 출산과 마찬가지로 유산의 위험마저 존재한다.

이때, 마치 의학이 진통의 고생을 덜어주고, 유산의 위험을 감소시킬 수 있듯이, '사회 운동의 자연법칙'을 이해하는 사회과학은 사회변혁에 대해 유효한 실천을 밝혀내고, 출산의 고통을 줄이고 완화해 주며, 유산의 위험을 감소시킬 수 있다. 『자본론』은 말하자면 새로운 사회를 순산하게 하기 위한 의학이다.

하지만 이상의 설명만으로는, 어떠한 실천이 '출산의 고통을 단축하고 완화하는 것'인가에 대해서는 아직 충분히 제시되지 않았다. 그것을 알려면 『자본론』의 구체적 내용에 들어가야 한다.

마르크스는 1850년 이후, 『자본론』을 집필하기 위한 노력을 통해, 자신의 이론을 더욱 발전시키고, 변혁 구상을 다듬어 간다. 오해되는 경우도 많지만, 『자본론』은 단순히 『공산당선언』의 결론을 경제학적으로 증명한 책이 아니다. '새로운 유물론'과 그것에 기초한 변혁 구상을 실마리로 하면서도, 마르크스는 더 나아가 자본주의적 생산양식을 그 근본부터 총체적으로 파악하고, 변혁에 있어서 유효한 실천의 방식을 제시했다.

다음 장에서는 드디어 『자본론』의 내용에 들어간다.

제2장

제2장
자본주의를 보는 방식을 바꾸다
[1848~1867년]
– 마르크스의 경제학 비판

1848년 혁명의 동란에서 자본주의의 중심지로

새로운 변혁 구상을 확립해 가고 있던 마르크스는, 1846년 초, 브뤼셀 공산주의 통신위원회를 설립했다. 파리, 런던, 쾰른 등 각지의 독일인 활동가들과 연락을 취하고, 공산주의자들의 네트워크를 형성하고자 한 것이다.

당초 조직화는 잘 진행되지 않았다. 마르크스가 가혹하게 진정 사회주의자들을 비판한 것이 반발을 사기도 했고, 예상치 못한 곳에서 개인적 실랑이가 벌어지기도 했기 때문이다. 프루동에게도 협조를 부탁했지만 거절당했다. 이를 계기로 마르크스는 『철학의 빈곤』이라는 프루동 비판의 책을 저술하게 된다.

하지만 이 시도는 헛되지 않았다. 많은 독일인 노동자들이 거주하는 런던에서 공산주의자와의 네트워크를 만드는 데 성공했기 때문이다. 그들은 이미 파리에 본부를 둔 의인 동맹이라는 비밀결사를 발족시켰는데, 이 본부를 런던으로 옮기고 조직을 개편하면서 마르크스의 도움을 받았다. 마르크스는 조직의 민주화를 조건으로, 1847년 1월 엥겔스와 함께 동맹에 가입하고, 이듬해 새 조직인 '공산주의자 동맹'을 위한 강령을 집필했다. 이것이 바로 그 유명한 『공산당선언』이다.

한편, 마르크스는 브뤼셀 공산주의 통신위원회를 동맹의 한 지부로 개편하여 그 지부장이 되고, 브뤼셀에 합법 조직인 독일노동자협회와 민주주의협회를 창립하는 등 조직화를 착착 진행해 나갔다.

그러나 이 시도는 갑자기 중단된다. 1847년 경제공황의 영향을 받아, 전 유럽적인 혁명이 발발했기 때문이다. 이른바 1848년 혁명이다. 1848년 2월에는 유럽의 중심지였던 파리에서 혁명이 일어났기 때문에, 벨기에 정부는 망명 혁명가들을 추방하려고 했다. 마르크스도 3월 4일 벨기에 정부에 체포되어 다음 날 추방되었다.

브뤼셀에서 추방된 마르크스가 향한 곳은 파리였다. 혁명에 의해 성립된 프랑스 임시 정부는 과거의 추방령을 철회했다. 마르크스는 파리의 공산주의자동맹의 활동에 참

자본주의를 보는 방식을 바꾸다

여해 동맹원들의 독일 귀국을 조직했다. 독일에서도 3월에 혁명이 발발해 자유롭게 활동할 여지가 생겼기 때문이다.

이어 마르크스는 지지자가 많이 남아 있던 쾰른으로 가서, 과거의『라인신문』의 후계지인『신라인신문』을 발간하며 혁명의 진전을 위해 분투했다.『신라인신문』의 발행 부수는 5,000부를 넘어, 독일 최대의 신문 중 하나가 되었다. 마르크스는 쾰른의 정치 운동에도 적극적으로 참여해 큰 영향을 미쳤다.

당초 마르크스는 우선 봉건사회의 잔재를 일소하고 독일 통일을 실현하는 부르주아 혁명이 이루어져야 한다고 생각하고, 모든 민주주의 세력이 결집할 필요성을 역설했다. 그런데 10월 이후 탄압이 강화되고 혁명 운동이 시들해지면서, 마르크스는, 독일 부르주아지에게는 부르주아 혁명을 철저히 수행할 능력이 없음을 깨닫고, 프롤레타리아트의 계급투쟁의 중요성을 강조하면서 프랑스 혁명에 기대를 걸었다.

혁명 운동이 진화되면서 자신감을 회복한 프로이센 정부는 1849년 5월, 다시 마르크스를 추방했다. 마르크스는 혁명이 곧 일어날 것이라고 생각했던 파리로 향했지만, 프랑스에서도 혁명의 물결은 후퇴하고, 반동화가 진행되고 있었다. 마르크스는 당국으로부터 파리에서의 퇴거를 요구받자, 가족과 함께 런던으로 이주할 것을 결단한다.

런던으로 이주할 당시 마르크스는 조만간 유럽에서 다시 혁명이 발발할 가능성이 높다고 보고, 망명 독일인 활동가들의 조직화를 위해 적극적으로 움직였다. 재건된 공산주의자 동맹 중앙위원회의 의장에 취임해, 독일에서 동맹의 재건에도 착수했다.

하지만 마르크스는 연구를 통해 유럽 경제가 호황기에 접어든 것을 확인하고, 단기적으로는 혁명이 일어날 수 없음을 확신하게 되었다. 이 정세 판단을 둘러싸고 논쟁이 벌어지면서 동맹은 분열되었다. 그러다가, 1851년 5월 쾰른에서 대규모 탄압이 행해져, 독일의 조직은 사실상 괴멸했다.

1851년 12월에 루이 보나파르트가 쿠데타를 일으켜, 1848년 혁명에 쐐기를 박자, 마르크스는『루이 보나파르트의 브뤼메르 18일』을 저술하며 프랑스의 혁명을 총괄했다. "지금, 사회는 그 출발점보다도 후퇴해 버린 것처럼 보인다. 사실, 사회는 혁명적 출발점을, 즉 그 아래에서만 현대의 혁명을 진지하게 할 수 있는 상황, 관계, 조건을 처음으로 만들어내야만 했다."

1852년 11월 마르크스는 회의에서 동맹의 해산을 제안했고 이는 승인되었다. 이후 10년 정도 동안 마르크스는 어떤 정치 조직에도 속하지 않았다. 마르크스는 자본주의의 중심지 런던에서 경제학 연구에 주요한 노력을 기울여,

자본주의를 보는 방식을 바꾸다

변혁 구상을 더욱 단련해 갔다.

경제학 연구의 나날

런던에 도착한 마르크스는 경제학 연구를 재개했다. 영국박물관의 입장권을 손에 넣은 마르크스는 경제 관련 저작과 잡지를 섭렵하고 엄청난 양의 발췌 노트를 작성했다. 하지만 마르크스는 『자본론』의 완성으로 일직선으로 나아간 것은 아니다. 경제적 빈궁, 가정 내 문제 등이 마르크스를 괴롭히고 자주 의기소침하게 했다.

특히 마르크스가 런던에 도착한 이후 몇 년간은 상당히 빈곤했다. 『신라인신문』을 접을 때 마르크스는 상당한 부채를 자비로 부담한 데다, 자존심 때문에 망명자들에 지급한 지원금을 받으려 하지 않았고, 그렇다고 일정한 직업이 있는 것도 아니었다(물론 많은 전기 작가가 지적했듯이, 가정부나 가정교사를 고용하는 빅토리아 시대의 중산층 생활을 전제한 빈곤이었지만). 경제 상태는 유산 상속이나 엥겔스의 도움으로 개선되었지만, 1860년대에 이르기까지 마르크스는 계속해서 곤궁에 시달렸다.

이러한 빈곤을 배경으로 가정 생활에서도 마르크스는 낙담하는 경우가 많았다. 아마도 당시의 열악한 주거 환경의 영향도 있어, 런던에서 태어난 세 아이 중 두 아이는 생후 얼마 되지 않아 죽었다. 심지어는 외아들이었던 에드가를 여덟 살에 잃는 비극을 겪기도 했다. 이 일이 마르크스에게 준 정신적 타격은 상당했다고 한다.

원래 몸이 튼튼하지 않았던 마르크스 자신도 종종 병으로 고생했다. 일단 집중하기 시작하면 밤낮없이 집필을 계속하는 작업 스타일은, 나이가 들수록 마르크스의 몸을 갉아먹었다. 아내 예니도 병치레가 잦았고, 여러 가지 마음고생 때문에 집안 내의 문제가 발생하는 경우가 많았다.

최악의 빈곤 상태는, 마르크스가 1852년 『뉴욕 데일리 트리뷴』의 특파원 일을 맡음으로써 벗어날 수 있었다. 마르크스는 10년간 이 일을 계속했고, 그의 기사는 높은 평가를 받았다. 마르크스가 이 기회를 통해 글로벌하게 정치경제를 분석한 것은 큰 결실을 거두었지만, 다른 한편으로는 경제학의 집중적 연구를 방해하기도 했다.

생활상의 어려움에도 불구하고, 마르크스는 자신의 목적을 잃어버리지 않았다. "나는 비가 오나 눈이 오나 나의 목적을 계속 추구할 것이며, 부르주아 사회가 나를 돈벌이 기계로 만들도록 내버려 두지 않을 것입니다"(1859년 2월 1일 바이데마이어에게 보낸 편지). 마르크스는 스스로의 변혁 구상을 단련하기 위해, 경제학 연구를 계속 전진시켰다.

1857년 발생한 공황에 자극받은 마르크스는 1년도 안 돼, 『경제학비판요강』이라는 놀랄 만큼 방대한 초고를 썼다. 이것은 훗날『자본론』의 첫 번째 초고이자 풍부한 아이디어를 담고 있었다. 이『요강』을 기초로, 마르크스는 1859년『경제학비판』을 간행했다. 이것은 상품론과 화폐론에 국한되어 있었다.

마르크스는 한층 더 깊이 연구해, 속간의 집필에 매달렸다. 이 과정에서 쓴 것이『1861-63년 초고』라고 불리는 초고인데, 이 중에서 마르크스는 새로운 이론 체계의 플랜을 재검토하고, 이에 기초하여『자본론』의 초고를 완성해 갔다. "내가 쓴 것을 4주 지나 다시 읽으면 불만스러운 점이 눈에 띄어, 다시 한 번 전부 다시 씁니다"(1862년 4월 28일의 라살에게 보내는 편지)라고 말한 것처럼, 마르크스는 납득할 때까지 문제를 골똘히 생각했다. 마르크스는 이론에 있어서 타협하는 일은 절대 없었다. 이러한 오랜 기간에 걸쳐 철저한 노력을 통해 비로소 완성한 것이『자본론』제1권이다.

경제학 비판으로서의『자본론』

그렇다면 마르크스가 혼신의 힘을 다해 쓴『자본론』은 어떤 저작이었을까.

『자본론』에 대해서는 지금까지 너무 많은 것이 말해져 왔다. 곰팡이처럼 들러붙은 선입관도 존재한다. 하지만 그런 선입관은 일단 모두 버렸으면 좋겠다.

현대의 우리에게 중요한 것은, 저명한 학자가 어떻게 마르크스를 해석했는가, 마르크스 경제학 교과서에 어떻게 써 있는가 하는 것이 아니다. 중요한 것은, 새로운 변혁 구상을 획득한 마르크스가 그것을 실마리로 하면서, 어떻게 자본주의적 생산양식을 분석하고, 거기에서 어떤 변혁의 계기를 찾아냈는가 하는 것이다.

『자본론』의 목적은 자주 오해되는 바와 같이, 다만 착취나 공황의 메커니즘을 소상히 밝히고 자본주의를 규탄하는 데 있는 것이 아니다. 오히려 자본주의 자체를 묻지 않는 기존 경제학의 시각을 근본적으로 비판하고, 왜 그리고 어떻게 자본주의적 생산양식이 실제로 지금과 같이 성립하고 있는지를 그 뿌리부터 파악하는 것, 그것에 의해서 변혁의 가능성과 조건을 분명히 하는 것이 그 목적이다.

그 의미에서 『자본론』은 단순한 경제학 책이 아니다. '경제학비판'이라는 부제에서 알 수 있듯이, 선행 경제학의 성과를 흡수하면서도, 그것을 철저하게 비판하고, 자본주의적 생산양식을 자명하다고 생각하는 시각을 근본적으로 뒤집는 경제학 비판이기도 하다. 『자본론』은 우리가 당연하다고 생각하는, 경제활동을 보는 방식을 근본적으로 바꿀 것을 독자에게 요구하는 책이다. 거기에 『자본론』의 가장 큰 매력이 있고 어려움이 있다.

    이하에서는 이러한 경제학 비판으로서의『자본론』에
대하여 개략적으로 설명한다. 이 대작을 몇 페이지로 요약
할 수는 없으므로, 마르크스의 변혁 구상과 관련된 부분에
중점을 두어 설명해 보겠다.

『자본론』의 시각 ① — 상품의 비밀

상품에는 자본주의의 수수께끼가 숨겨져 있다

『자본론』은 상품의 분석에서 시작된다.

자본주의 사회에서 우리가 소비하는 부의 대부분은 상품의 형태를 취하고 있다. 이 상품이라는 가장 기본적인 부의 형태를 이해하는 것 없이는 화폐나 자본, 이윤이나 이자 등 보다 구체적인 경제적 카테고리를 이해할 수 없다.

그래서 상품의 분석은 자본주의적 생산양식의 분석의 기초를 이루는 것으로 특히 세심한 이해가 필요하다. 이를 이해하는 것 없이는, 『자본론』 전체를 이해할 수 없다고 해도 될 정도다.

그렇다 해도, 이렇게 역설해 보았자 『자본론』을 처음 공부하는 사람들은 아마 감이 오지 않을 것이다. "상품 등의 지루한 이야기는 그만하고, 빨리 자본가의 착취나 공황에 대한 설명을 해 달라"고 생각하는 사람도 있을지 모른다.

하지만, 실은 상품을 제대로 이해할 수 있는지가 자본주의를 근본적으로 이해할 수 있는지 여부의 갈림길이다.

현재의 경제 시스템에는 여러 가지 문제가 있다. 젊은

자본주의를 보는 방식을 바꾸다

이가 '블랙 기업'에서 장시간 노동에 종사하고, 쓰고 버려진다. 취업난이 만성화하고 비정규직 비중이 계속 증가하고 있다. 실물 경제에 비해 금융 경제가 비대해지고, 주기적으로 거품이 발생해, 그것이 빠질 때마다 대량의 실업자가 발생한다.

이것들은 모두 자본주의의 고유한 문제이며, 제1장에서도 보았듯이, 그 근본 원인은 **이익 우선의 경제 시스템**이 되어 버린 것에 있다. 돈 때문에 인간의 생활이 희생되고 사회가 혼란스러워지는 것이다.

그렇다면 이러한 경제 시스템의 특수한 성격은 어디에서 나오는 것일까. 상품생산이 바로 그것이다.

자본주의와 다른 사회 시스템과의 가장 큰 차이는 상품생산의 전면화 여부에 있다. 확실히 인류는 이미 고전 고대나 중세에도 어느 정도 규모로 상품교환을 행해 왔다. 하지만 그래도 상품생산이 사회 전체를 뒤덮지는 않았다. 자본주의 사회에 들어서 처음으로 상품생산이 전면화되고, 생필품 대부분이 상품으로 교환되는 것이다.

생활에 필요한 물건의 대부분이 상품으로 생산되고 소비되면, 사람들의 생활은 확 달라진다. 한편으로는 봉건적 속박이 사라지고 자유경쟁이 이루어지기 때문에 생산력이 비약적으로 증대해 인류가 누릴 수 있는 물질적 부가 증대한다.

그러나 다른 한편으로는 인간적인 유대가 금전 관계로 치환되므로, 사람들의 운명은 경제의 호황과 불황에 크게 좌우되어 불안정해진다. 실직하면 살 곳조차 잃어버릴 수도 있는 무소유의 임금 노동자가 대량으로 생겨난다. 기계의 도입으로 임금 노동자 간 경쟁이 갈수록 치열해지고, 저임금, 장시간 노동이 만연한다. 앞서 언급한 현실의 여러 문제도 바로 이러한 상품생산 전반화의 귀결인 것이다.

그래서 상품을 이해하는 것은 현실의 자본주의의 모순을 이해하는 데 매우 중요하다. 오히려 상품에는 자본주의라는 시스템의 수수께끼가 숨겨져 있다고 말해도 좋다. 그러므로 우원한 듯하지만, 『자본론』의 첫머리에서 전개되는 상품론에 대해 지면이 허락하는 한 자세하게 살펴보기로 하자.

상품의 가격은 어떻게 정해지는가?

뭐든지 좋으니 한 상품을 예로 들어 보자. 우선, 어떤 상품도 인간에게 유용성을 갖고 있다. 빵이면 먹을 수 있고, 컴퓨터라면 인터넷을 하거나 이메일을 보낼 수 있다. 이런 상품이 갖는 유용성을 **사용가치**라고 한다.

그리고 상품에는 가격이 붙어 있다. 누구나 알다시피, 이 가격에 표시된 돈을 지불하면 그 상품을 살 수 있다. 이처럼 가격에는 상품이 어떤 교환 비율로 교환되는지가 표시되어 있다. 이 교환 비율을 **교환가치**라고 한다. 예를 들어 사과가 1개에 100엔이고, 귤이 1개에 10엔이라면, 사과의 교환가치는 귤의 10배라고 할 수 있다.

직감적으로 이해할 수 있듯이, 사용가치와 교환가치는 완전히 별개다. 사과의 교환가치가 귤의 10배라고 해도, 사과의 사용가치가 귤의 10배인 것은 아니다. 상품의 교환가치를 그 사용가치로 설명할 수는 없다.

그렇다면 상품의 교환가치는 어떻게 결정되는 것일까. 누구나 알고 있듯이, 수요와 공급의 관계에 따라 결정된다. 다들 원하는데 충분한 공급이 없는 것은 가격이 높아지고, 그만큼 수요가 없는데 공급이 많은 것은 가격이 낮아진다.

하지만 이 정도로는 교환가치가 어떻게 정해지는지에 대한 충분한 설명이 되지 않는다. 예를 들어, 아무리 수요가 많다고 해도, 껌이 1000만 엔에 팔리지는 않는다. 반대로 아무리 공급이 많다고 해도, 새 자동차가 10엔에 팔리는 것도 아니다. 이러한 가격의 차이를 수급 관계로 설명할 수 없다는 것은 명백할 것이다. 또는 수요와 공급이 일치하는 경우에도 가격은 상품마다 다르지만, 그 차이가 어디에서 생겨나는가 하는 것도 수급관계로 설명할 수 없다. 수급관계는 어디까지나 수요와 공급이 일치하는 경우의 가격으로부터의 괴리를 설명할 수 있을 뿐이다.

그렇다면, 수요와 공급이 일치하고 있어 그 영향을 받지 않는 경우의 가격은 어떻게 설명할 수 있을까. 마르크스에 선행하는 고전파 경제학자 데이비드 리카도는 이러한 경우의 가격을 자연가격이라고 불렀고, 자연가격은 노동에 의해 규정된다고 생각했다. 즉, 더 많은 노동이 투입되는 상품일수록 자연가격이 높아지고, 투입되는 노동이 적은 상품일수록 자연가격은 낮아진다. 이른바 '노동가치설'이다.

노동가치설에 따르면, 사과가 귤의 10배의 자연가격을 가지고 있는 것은, 사과 1개를 생산하는 데 투입된 노동은, 귤 1개를 생산하는 데 투입된 노동의 10배가 필요하기 때문이다. 물론 위대한 예술가가 그린 그림처럼 그 물건의 생산이 일회적인 것, 혹은 아주 조금밖에 이뤄지지 않는 것은 노동과 무관하게 가격이 결정된다. 하지만 시장에서 거래되는 상품의 대부분은 날마다 반복적으로 생산되고 있어, 이러한 상품에 대해서는 노동가치설이 들어맞는다고 리카도는 생각했다.

『자본론』도 기본적으로 이 입장을 계승하고 있다. 다만 마르크스는 자연가격이라는 말은 쓰지 않는다. 대신 **가치**라는 개념을 사용한다. 이 가치라는 개념은 『자본론』의 가장 기초적인 개념이며, 본래 그 이해는 그다지 어렵지 않을 것이지만, 실제로는 대부분의 경우 오해되고 있다. 그러나 이 가치라는 개념을 정확히 이해하지 못한다면, 『자본론』을 이해하는 것은 불가능하다. 따라서 이하에서는 이 가치에 대해 가능한 한 주의 깊게 설명해, 독자가 흔히 있을 수 있는 오해에 빠지지 않도록 하겠다.

당분간 가치와 교환가치는 별개라는 점에 주의를 촉구한다. 교환가치는 그때그때 상품이 어떤 교환 비율로 교환되는지를 나타낸 것이다. 그리고 상품과 돈의 교환 비율을 나타낸 것이 **가격**이다. 말하자면, 가격은 교환 가치의 일종이다.

이에 반해, 가치는 상품의 교환가치의 변동 또는 가격 변동의 **중심점**이다. 가치의 크기는 교환가치나 가격과는 달리, 수급관계와는 상관없이 그 상품의 생산에 투입되는 노동량에 의해 결정된다. 상품 가격이나 상품의 교환가치는 수급관계의 영향을 받아 변동하는데, 그 변동의 중심점이 가치인 셈이다.

왜 상품 가치의 크기는 노동에 의해 결정되는가?

본 바와 같이, 고전파 경제학도 마르크스도 이른바 노동가치설의 입장을 취했다. 그러나 그 내용은 전혀 다르다.

리카도의 노동가치설은 애덤 스미스의 노동가치설을

계승하고, 보다 논리적으로 일관되게 한 것이라고 할 수 있는데, 스미스는 노동이 상품의 자연가격을 규정하는 이유를 다음과 같이 생각했다.

인간이 물건을 생산할 때는 노동을 투입해야 한다. 그리고 노동은 인간에게 안락을 희생시키고 '노고와 수고'를 하게 한다. 따라서 인간들이 생산한 상품을 교환할 때 안락을 희생하면서 행해진 '노고와 수고'가 어느 정도인지를 기준으로 이루어지게 될 것이라고 생각했다.

이렇게 스미스는 노동을 희생으로 보고, 개개인들의 의식의 존재방식에서 노동가치설을 설명한다. 말하자면 주관적인 노동가치설이라고 말해도 좋을 것이다. 그러나 이러한 노동가치설의 설명에는 결함이 있다. 예를 들어, 노동을 희생이라고 생각하지 않는 사람이 즐겁게 일하고 생산한 물건을 상품으로 교환했다고 하면, 노동가치설은 성립되지 않을 것이다.

또는 현실 자본주의 사회에서는 스스로 노동하지 않고 타인을 고용하여 생산한 생산물을 판매하는 경우가 대부분이지만, 이런 경우도 스미스의 설명에서는 노동가치설이 성립되지 않을 것이다(실제로 스미스는 이러한 경우 지배노동가치설이라는 별도의 설명 방식을 내놓고 있다).

마르크스는 개인의 주관에서가 아니라 객관적인 사회 시스템의 존재방식에서 가치를 이해해야 한다고 생각했다.

마르크스가 주목하는 것은 사회의 물질적 재생산이다.

우선, 어떤 사회에서나 사회를 물질적으로 재생산하기 위해서는, 적절한 노동의 배분이 이루어져야 한다. 예를 들어, 노동 가능한 인구가 1000명으로 구성된 사회가 있고, 1일 10시간 노동하는 것이 표준적이라고 하면, 이 사회의 1일 총노동은 1만 시간이다. 만일 의복 생산 산업, 식량 생산 산업, 주거 생산 산업이라는 세 개의 산업 부문이 있다고 하면, 이 1만 시간은 사회의 필요를 충족시킬 수 있도록 세 개의 산업에 적절히 배분되어야 한다. 만약 배분에 실패하여, 너무 많은 노동이 식량 생산에 투하되고, 약간의 노동밖에 의복 생산에 투하되지 않는다면, 식량은 부족하지 않지만, 의복이 부족하게 된다.

다음으로, 생산된 총생산물이 사회 구성원 사이에 적절하게 배분되어야 한다. 사회에 필요한 것이 무사히 생산된다고 해도, 일부의 인간이 생산물을 독점하고 많은 사람들이 생산물을 얻을 수 없으면, 많은 사람들이 생활해 나갈 수 없어, 사회가 붕괴되고 만다.

자본주의 이전의 전근대 사회에는 어떤 공동체적 질서가 존재했기 때문에, 인간들의 자각적인 의사 결정이나 전통 등에 따라, 노동 배분과 생산물 분배의 문제를 해결할 수 있었다. 그런데 자본주의 사회에서는 그렇지 않다. 근대 사회에서 공동체적 질서는 기본적으로 해체되었다. 개인은 각각의 사적 이해에 기초해 생산을 하고, 생산물을 시장에서 서로 자유롭게 교환할 뿐이다. 아무도 사회적 총노동의 배분에 대해 생각하지 않는다.

그럼에도 불구하고 자본주의 사회가 존속할 수 있는 것은, 시장 그 자체에 노동 배분이나 생산물 분배에 대해 무의식적으로 고려할 수 있는 구조가 갖춰져 있기 때문이다. 사실, 이 구조에 의해서, 상품의 가치는 노동량에 의해 규정되는 것이다.

하지만 인간들이 생산에 대해 자각적으로 결정하거나, 전통을 따르는 경우에 비해, 시장시스템이 어떻게 사회를 존속시킬 수 있는지 이해하는 것은 어렵다. 사실 경제학이라는 학문이 탄생한 것도 이 시장 구조의 복잡성 때문이다. 그렇다면, 그것은 어떤 구조인가. 순서대로 살펴보자.

노동의 이면(二面)적 성격

이 구조에 대해 이해하려면, 먼저 노동이 이면적 성격을 가진다는 것을 이해하는 것이 중요하다. 마르크스에 따르면, 어떤 노동도 **유용노동**과 **추상적 인간노동**이라는 두 가지 성격을 가지고 있다.

예를 들어, 재봉 노동은 의복을 생산하고, 농업 노동은 식량을 생산한다. 이와 같이, 사용가치를 창출한다는 관점에서 보았을 때의 노동을 유용노동이라고 한다. 우리가 "책상을 생산하는 노동과 와인을 생산하는 노동은 다르다"고 할 때의 '노동'이, 이 유용노동을 의미한다.

다음으로 추상적 인간노동에 대해 살펴보자. 어떤 종류의 유용노동을 하는 경우에도, 인간들은 일정한 힘을 써야 하고, 일정 시간을 소비해야 한다. 이러한 관점에서 보았을 경우의 노동을 추상적 인간노동이라고 한다. 말은 어렵지만 의미는 간단하다. 예를 들어, "오늘은 어제보다 많은 노동을 했다"라든지, "자동차 한 대를 생산하려면 많은 노동이 필요하지만, 빵 한 덩어리를 생산하려면 그다지 노동은 필요하지 않다"라고 말하는 경우의 '노동'은, 추상적 인간노동을 가리킨다.

이러한 경우의 '노동'은 오로지 노동의 양만이 문제가 되고 있으며, 어떤 종류의 노동인가 하는, 그 질은 사상(捨象)되어 있다. 노동에서 구체적인 질을 사상(= 추상)한다면, 거기에는 이제 일정한 인간의 힘을 지출했다는 성격, 즉 인간적 노동으로서의 성격만 남는다. 거기서, 오로지 양적인 관점에서 보았을 경우의 노동을 추상적 인간노동이라고 부른다.

얼핏 아무렇지도 않은, 당연한 구별처럼 생각되지만, 이것은 마르크스가 처음으로 지적한 것으로, 마르크스 자신이 "경제학을 이해하는 데 있어서 결정적인 점"이라고 말했다. 그렇다면, 이 구별은 어떤 의미를 갖는 것일까. 우선 다음의 두 가지를 파악할 필요가 있다.

하나는 **생산력**과의 관계이다. 생산력이란 일정한 노동량이 투하되었을 경우에, 어느 정도의 생산 물량을 생산할 수 있는지를 나타내는 개념이다. 일상적 용어로 대체하면, 노동 생산성, 혹은 생산효율이다. 생산력은 분업의 발전이나 노동 용구의 개량, 기계의 도입 등으로 상승시킬 수 있다.

예를 들어, 상의를 생산하는 공장에 기계가 도입되어 생산력이 2배가 되었다고 하자. 생산력이 2배가 되었다는 것은, 노동자 1명이 1시간 동안 일해서 만들어내는 상의의 수가 2배가 되었다는 것이다. 그러므로, 이 1시간의 재봉노동을 유용노동이라는 측면에서 보면, 노동의 효용은 2배가 된다. 그러나 추상적 인간노동이라는 관점에서 보면, 별다른 변화는 없다. 아무리 생산력이 변해도 1시간의 노동은 역시 1시간의 노동이다.

하지만 추상적 인간노동과 생산물의 관계는 변화하고 있다. 생산력이 2배가 되면, 상의 1벌을 이전의 절반의 노동 시간으로 생산할 수 있다. 즉, 상의 1벌을 생산하는 노동은, 추상적 인간노동으로는 2분의 1이 된다. 한편, 동어반복이지만, 유용노동의 관점에서 봤을 때는, 1벌의 상의를 생산하는 노동은 1벌의 상의를 생산할 뿐, 아무런 변화

자본주의를 보는 방식을 바꾸다

도 일어나지 않는다.

이처럼 생산력과의 관계에서 보면, 노동의 이면적 성격을 파악할 필요성이 부각된다. 만약 이것을 단순히 '노동'이라는 하나의 개념으로 파악한다면 혼란스러울 것이다. 실제로 마르크스 이전의 경제학자의 대부분은 이 두 가지 성격을 명확하게 구분하지 않았기 때문에 각종 잘못된 이론으로 빠지고 말았다.

덧붙여, 일정 시간 내에 투입되는 노동의 양을 나타내는 개념으로, 노동의 '강도'가 있다. 이것은 노동의 밀도를 나타내는 개념이며, 생산효율과는 무관하게 인간이 열심히 일함으로써 높일 수 있다. 위의 경우도 그렇지만, 특별히 언급이 없는 경우는, 항상 노동의 강도는 사회적 평균이라고 가정해 둔다.

다음으로 사회적 총노동의 배분과의 관계에 대해 살펴보자. 예를 들어, 앞서 언급한 예에서, 총노동 1만 시간에서 식량 생산 부문에 7,000시간, 의복 생산 부문에 2,000시간, 주거 생산 부문에 1,000시간을 배분해야 한다고 하자. 이러한 배분을 할 때, 사회가 필요로 하는 사용 가치를 생산하기 위해, 총노동을 '어느' 생산 부문에 '얼마나' 투입할지를 고려해야 한다.

이때, '어느' 생산 부문에 노동을 투하할지를 고려할 때에는, 우리는 유용노동을 고려하는 것이다. 왜냐하면, 그

때에는 노동의 질, 즉 어떤 사용가치를 생산하는 노동인가 하는 점에 주목하고 있기 때문이다.

반면, 그 생산 부문에 총노동 중 '얼마나' 투하할지를 고려할 때에는, 추상적 인간노동을 고려하는 것이다. 이때에는 총노동의 양과 그 생산 부문에 할당되어야 할 노동의 양과의 관계가 문제가 된다. 만약 총노동이 무한하게 존재한다면, '얼마나' 투하할지에 대해 고려할 필요가 없다. 하지만 현실에서는 사회가 행할 수 있는 노동량은 유한해서, 이 유한한 양의 노동을 각각의 산업 부문에 '얼마나' 배분할지 고려하지 않으면, 적절한 노동 배분은 실현되지 않는다.

따라서, 사회적 분업이 이루어진 사회에서 노동은 이중의 사회적 성격을 가지게 된다. 노동은 한편으로 사회에 필요한 일정한 사용가치를 생산한다는 의미에서, 유용노동으로서의 사회적 의의를 갖는다. 다른 한편으로는 유한한 총노동 중 일부를 소비하여 이루어진다는 의미에서, 추상적 인간노동으로서의 사회적 의의를 갖는다. 인간 사회가 사회적 총노동의 적절한 배분을 실현하기 위해서는, 이러한 노동의 이중의 사회적 성격을 어떤 형태로든 고려할 필요가 있다.

추상적 인간노동의 사회적 성격은 이해하기 어려울 수도 있으므로, 비유로 보충하자. 예를 들어, 매월 20만 엔의 수입으로 생활하는 사람이 있다고 하자. 이 사람이 식비로 5만 엔을 쓴다면, 이 지출이 총수입 20만 엔에서 빠져, 그만큼의 다른 물건을 살 수 없게 된다. 그래서 식비 5만 엔은 식량을 확보하기 위해 유익하게 사용되었다는 것뿐만 아니라, 한정된 수입의 일부를 지출했다는 의미를 갖는다.

추상적 인간노동에 대해서도 마찬가지로 생각할 수 있다. 총노동에서 어떤 산업 부문에 일정한 노동량을 투하하면, 그 노동량이 총노동에서 빠져, 그만큼 다른 산업 부문에 노동을 투하할 수 없게 된다. 그러므로 그 노동은 단순히 일정한 유용물을 생산한다는 것뿐만 아니라, 한정된 사회적 총노동의 일부를 지출했다는 의미를 갖는다. 이 후자의 의미야말로 추상적 인간노동으로의 사회적 성격이다.

시장시스템은 어떻게 성립하는가?

이미 본 바와 같이, 공동체적 질서가 존재하는 전근대적 사회에서는 총노동을 어느 산업에 얼마나 투하할 것인가 하는 노동의 사회적 성격에 대하여 고려하는 것은 쉽다.

그런데 시장시스템에서는 그렇지 않다. 시장 참가자인 상품생산자가 관심을 갖는 것은 사적 이해뿐이며, 아무도 노동의 사회적 성격에 대해 생각하지 않는다.

그렇다면 어떻게 시장에서 노동 배분을 실현하는가. 실제로는 유용노동으로서의 노동의 사회적 성격을 상품의

사용가치로 표현하고, 추상적 인간 노동으로서의 노동의
사회적 성격을 상품의 가치로 표현하는 것에 의해, 노동의
사회적 배분을 가능하게 한다.

즉, 시장시스템에서는 상품을 통해서 간접적으로 노
동의 사회적 성격을 고려하고 있다. 이것이 상품의 가치가
노동량에 의해서 규정되는 이유인 것이다.

이 구조에 대해 자세하게 살펴보자.

유용노동으로서의 사회적 성격이 상품의 사용가치로
표현된다는 것은 쉽게 이해할 수 있을 것이다. 상품생산자
들은 사회를 위해 어떤 노동을 할 필요가 있는지 생각하지
않지만, 자신의 이익을 위해, 어쨌든 타인이 원하는 사용가
치를 가진 상품을 생산하려고 하기 때문이다.

그러나 추상적 인간노동의 사회적 성격이 상품의 가
치로 표현된다는 점에 대해서는 좀 더 분명한 설명이 필요
하다.

시장시스템에서는 공동체적 질서가 해체되어 있기 때
문에, 상품교환 이외에는 양식을 입수할 방법이 없다. 그래
서 상품생산자는 가능한 한 많은 상품을 얻을 수 있는 상
품, 즉 가능한 한 유리한 교환 비율을 가진 상품을 생산하
려고 한다. 지금 종사하는 생산 부문의 상품을 불리한 교환
비율로밖에 교환할 수 없다면, 그는 보다 유리한 교환 비율
을 기대할 수 있는 다른 생산 부문으로 옮겨, 그 산업에 자

신의 노동을 투입할 것이다.

이때 교환 비율이 유리한가 아니면 불리한가를 판단하는 기준은 무엇일까. 상품생산에 들어간 노동의 양, 즉 추상적 인간노동이다. 왜냐하면 상품을 생산하기 위한 궁극적인 코스트는 노동이기 때문이다(여기에서는 아직, 원재료나 노동 용구 등 생산수단은 생각하지 않는다). 누구나 노동을 하면 그만큼 피로하고 시간도 쓴다. 상품생산자에게 자신이 행하는 노동량은 유한하며, 그는 이 노동량을 기준으로 자신의 생산물 교환 비율의 유불리를 판단하여 행동하게 된다.

예를 들어, 8시간의 노동으로 1마리의 비버를 잡을 수 있고, 다른 한편, 같은 8시간의 노동으로 2마리의 사슴을 잡을 수 있다고 하자. 지금 시장에서 비버 1마리 = 사슴 1마리라고 하는 교환 비율이 성립되고 있다고 한다면, 이 경우 누구도 비버를 사냥하려고 하지 않을 것이다. 8시간에 걸쳐 비버 1마리를 잡을 것이 아니라, 4시간에 걸쳐 사슴 1마리를 잡고, 이 사슴 1마리와 비버 1마리를 교환하면 되기 때문이다.

이러한 교환 비율이 계속한다면 비버를 사냥하는 사람이 없어져, 적절한 노동 배분을 실현할 수 없을 것이다. 이러한 경우에는 생산자들이 비버 사냥 부문에서 사슴 사냥 부문으로 이동하여, 각 부문의 수급 관계에 변화가 일어나, 비버 1마리 = 사슴 1마리라는 당초 교환 비율 자체가 변화하게 된다.

그렇다면, 어떤 교환 비율이라면, 위의 경우처럼 생산자가 특정 생산 부문에 치우치지 않고, 수요와 공급이 균형을 이루는, 적절한 노동 배분이 가능할까. 그것은 비버 1마리 = 사슴 2마리라는 교환 비율이 성립되는 경우, 즉 가치대로의 교환 비율로 교환되는 경우이다. 이때, 비버 사냥꾼에게 대한 교환 비율의 유리함과 사슴 사냥꾼에 대한 교환 비율의 유리함은 균형을 이루고 있어, 어느 부문에서 생산자가 철수해 버리는 일은 없다.

물론 실제로는, 시장에서는 각각의 생산자가 마음대로 다양한 생산 부문으로 이동해 가기 때문에, 적당하고 수요와 공급이 일치하는 상태에서 딱 이동이 멈추지는 않는다.

예를 들어 사슴 공급 부족으로 사슴의 교환 비율이 비버의 교환 비율보다 유리할 경우, 많은 비버 사냥꾼이 일제히 사슴 사냥 부문으로 옮겨 간다. 그러면 비버와 사슴이 가치대로 교환되는 점을 뛰어넘어, 이번에는 거꾸로 사슴이 과다 공급돼 사슴의 교환 비율이 가치 이하로 될 수 있다.

하지만 이번에는 비버를 사냥하는 편이 유리하므로, 생산자가 비버 사냥 부문으로 옮겨가면서 비버 공급이 증가해, 사슴의 교환 비율은 다시 가치에 가까워진다. 이렇게 하여 상품의 교환가치(또는 상품가격)는 가치를 중심으로 변동할 것이다.

이상을 정리하자. 상품교환에 의해 자신의 생활 양식을 손에 넣어야 하는 상품생산자들은, 가치를 기준으로 자신의 생산물의 교환가치의 유리함 혹은 불리함을 판단하고 행동하도록 강제된다. 따라서 가치 그대로 교환가치가 성립하는 경우에는, 수요와 공급이 일치해, 적절한 노동의 사회적 배분이 이루어진다. 어떤 상황에서 수요가 공급을 웃돌아, 교환가치가 가치를 상회하는 경우에는, 투하된 노동이 상품의 교환가치에 대해 그 투하된 노동량 이상으로 평가되기 때문에 노동이 그 산업 부문으로 유입된다. 역으로 공급이 수요를 웃돌아 교환가치가 가치를 밑도는 경우에는, 투하된 노동이 상품의 교환가치에 대해 그 투하 노동량 이하로 밖에 평가되지 않기 때문에, 노동이 그 산업 부문으로부터 유출한다.

한마디로 말하면, 그들의 노동이 사회적 수요를 충족시키는 한, 그들의 노동은 상품 가치에서 정당하게 평가되므로, 그들은 누구에게 강제되지 않고, 사적 이해에 기초하여 총노동의 사회적 배분을 달성한다. 이렇게 사적 생산자들은 상품의 가치를 통해, 간접적으로 추상적 인간노동의 사회적 성격을 고려하고 있는 셈이다.

달리 말하면, 시장시스템은 생산물의 분배가 이루어지는 상품교환에 있어, 노동의 사회적 성격을 고려해야 하는 시스템이다. 그렇기 때문에, 상품의 교환가치는 상품의 생산에 소요된 노동량에 의해 규제되고, 가치를 중심으로 변동하는 것이다.

가치론의 의의

하지만, 이상의 설명으로는 다음의 의문이 남을 것이다. 현실 자본주의 사회의 상품생산자는 자본가이며, 그들은 자신이 생산에 투하한 노동량을 기준으로 행동하지 않는 것은 아닐까라고.

맞는 말이다. 나중에 보듯이, 자본가는 투하한 자본에 대해 얼마나 많은 이윤을 얻을 수 있는지를 기준으로 행동한다. 그래서 가격 변동의 중심점이 가치와 일치하지 않을 수 있다.

그러나 이 경우에도 역시 자본가는 추상적 인간노동의 사회적 성격을 고려하지 않을 수 없다. 수요에 비해 공급이 많은 산업에서는 이윤이 낮아지고, 수요 대비 공급이 적은 산업에서는 이윤이 높아지기 때문이다. 자본가들은 앞의 산업에서 철수하고 뒤의 산업으로 유입될 것이기 때문에, 그런 자본 이동과 함께 각 산업으로 투하되는 노동량도 간접적으로 조정되는 것이다.

물론 그들은 직접적으로 가치를 기준으로 행동하지는 않기 때문에, 가격 변동의 중심점은 가치로부터 괴리하지만(나중에 보듯이 중심점은 생산가격 = 비용가격 + 평균이윤이 된다), 간접적으로는 가치로 표현되는 추상적 인간노동의 사회적 성격을 고려하지 않을 수 없다. 그래서 자본주의 사회가 존속할 수 있는 것이다.

시장시스템이 발전하고 복잡해져, 일견 노동가치설이 성립되지 않는 상태가 나타난다 해도, 결국 가치법칙이 관철될 수밖에 없다. 자본주의 사회가 존속하는 한, 총노동의 사회적 배분과 무관하게 상품의 교환 비율이 결정되는 것은 있을 수 없다.

위대한 고전파 경제학자들은 직감적으로 노동가치설을 발견했지만, 물질적 재생산의 관점에서 그것을 규명하지 못했다. 그러다 보니 자본주의의 현상 형태와 노동가치설과의 괴리가 두드러지자, 그것을 설명하지 못하고 고전파 경제학은 쇠퇴하고 말았다.

그 대신 등장한 것이, 노동가치설을 방기하고, 현상 형태의 인과관계에만 관심을 갖는 '속류 경제학', 즉 오늘날 이코노믹스이다. 경제학이 발전한 현대에는 마르크스의 가치론이 어떤 의미를 갖는지는 거의 이해되지 않는다. 하지만 마르크스의 가치론이야말로 시장시스템을 하나의 생산관계로 이해할 수 있게 하며, 그것에 의해서 시장에서의 거래와 생산 활동과의 연결을 이해할 수 있게 한다.

나중에 보듯이, 자본주의는 아무리 고도의 금융제도를 갖췄다고 해도 실물 경제의 존재방식으로 되돌아오지 않을 수 없다. 버블 붕괴나 금융위기는 그 단적인 표현이다.

정리해 보자. 시장시스템에서는 노동의 사회적 성격은 직접 나타나지는 않는다. 유용노동으로의 사회적 성격은 상품의 사용가치로, 추상적 인간노동으로의 사회적 성격은 상품의 가치로 나타나서, 노동의 사회적 배분이 가능하게 된다. 그러므로 이 시스템의 내부에서 **노동은 유용노동으로서의 성격에 의해 사용가치를 창출하고, 추상적 인간노동으로서의 성격에 의해 가치를 창출한다.**

또한 추상적 인간노동의 양은 사회적으로 평균적인 조건하에서 평균적인 강도로 행해진 노동시간으로 나타낼 수 있다. 그래서, 상품 가치의 크기는 그 상품의 생산에 사회적으로 필요한 노동시간, 즉 **사회적 필요노동시간**에 의해 결정된다.

왜 상품이 존재하는가?

이상으로 가치론의 설명을 마쳤으니, 보다 근본적인 문제로 돌아가 보자. 그것은, 왜 애초에 상품이 존재하는가

하는 것이다.

앞 장에서 본 바와 같이, 마르크스의 방법론에 있어서 중요한 것은, '무엇인가'를 묻는 것에 머무르지 않고, '왜, 어떻게 하여'를 묻는 것이다. 확실히 이 질문을 생각하는 것이야말로, 상품을 이해하는 데서 결정적으로 중요하다.

보통, 우리는 '왜, 어떻게 하여' 상품이 존재하는가 하는 것을 생각하지 않는다. 상품이 존재하는 것은 당연한 일이라고 생각하기 때문이다. 전형적인 것은 애덤 스미스의 이해일 것이다. 스미스에 따르면, 인간은 동물과 달리, 태어날 때부터 자기에게 이익이 되도록 교환을 행하는 '교환 성향'을 갖고 있다. 스미스는 이 '교환 성향'으로부터 상품 교환과 분업이 발생하고, 시장이 형성된다고 생각했다. 이 생각에 따르면, 인간이 상품을 교환하는 것은 이상한 일도 아니다. 식욕이 있으니 식사를 한다는 격으로, 지극히 당연한 일이다.

그러나, 실제로는 단순한 교환으로부터 상품이 생겨나는 것은 아니다. 예를 들어, 어떤 사람이 읽고 질린 만화를 친구와 교환하고 다른 만화를 손에 넣는 경우를 생각해 보자. 이때, 그들은 분명히 자신의 이익이 되도록 교환을 행했다. 그러나 그렇다고 해서, 이 만화가 이미 설명한 상품으로서의 성질을 지니고 있는 것은 아니다. 교환만으로는 상품을 설명할 수 없다.

여기까지 읽어 온 독자는 잘 알겠지만, 상품은 생산의 특수한 존재방식과 결부되어 있다. 공동체적 질서가 해체되고, 뿔뿔이 흩어진 개인이 사적 이해를 위해 멋대로 노동하게 되었을 때, 비로소 상품이 생긴다. 그때 처음으로 생산자들이 서로 값을 매겨 생산물을 교환하게 되기 때문이다.

한마디로 말하면, 사적으로 행해지는 노동, 즉 **사적 노동**이야말로 상품의 비밀이다. 물론, 이 경우의 사적 노동이란 아무런 사회적 접촉 없이 행해지는 노동이 아니라, 사적 개인이 마음대로 행하는 노동이면서, 사회적 총노동의 한 부분을 이루는 노동이다.

앞의 만화 교환의 예를 다시 보자. 거기에서는 가격을 매겨 생산물을 교환하는 것은 행해지지 않았다. 두 사람은 원래 친한 친구이며, 상대를 따돌리고 자신만 이득을 보려는 사이는 아니다. 즉, 그들은 친한 친구이기 때문에 만화를 교환한 것이지, 교환을 통해 이득을 보기 위해 관계를 맺은 것은 아니다.

게다가 그들이 교환한 것은 이미 읽어서 질린 만화이지, 그것이 어떤 비율로 교환되는지에 의해 생활이 좌우되는 것은 아니다. 그래서 그들은 분명히 교환에 의해 이익을 얻는데, 그 방법이 매우 엉성해서 일일이 값을 매기지 않았다.

그런데 사적 생산자가 교환을 행할 경우에는 사정이 다르다. 그들은 서로 아는 사이도 아니고, 어떤 이해의 공통성도 없다. 그들은 인격적인 관계가 있기 때문에 교환한 것이 아니다. 교환에 의해 생산물을 얻을 필요가 있기 때문에 상대와 관계를 맺었던 것이다. 사적 노동을 하는 생산자들을 맺어주는 것은 생산물과 생산물의 관계일 뿐이다. 그들은 상대를 생각하지 않고, 가능한 한 유리한 비율로 원하는 물건을 얻고 싶어 한다.

또한 그들은 읽기 질린 만화가 아니라, 자신이 노동하여 생산한 물건을 교환하는 것이기 때문에, 적정한 비율로 교환할 수 없으면 살아갈 수 없다. 그렇기 때문에 사적 생산자들이 사적 노동을 하고 교환을 하는 경우에는 반드시 값을 매겨 교환해야 한다.

이와 같이 값을 매겨 교환할 때에는, 사적 생산자들은 생산물에 대해 그 생산물이 갖는 사용가치와는 구별되는, 어떤 독자적인 사회적 힘을 인정하고 있는 것이 된다. 왜냐하면, 생산물이 원래 가지고 있는 사용가치는 모두 다르고 (같으면 애초에 교환할 필요가 없다), 그것을 교환의 기준으로 할 수 없기 때문이다.

그러므로 양쪽의 생산물을 비교해 값을 매기는 것은, 다른 생산물을 공통의 성격, 공통의 사회적 힘을 갖는 생산물로 취급하는 것이 된다. 마르크스는 생산물이 갖는 이 사회적 힘을 **가치**라고 불렀다. 이 가치라는 공통의 속성이 있기 때문에, 사람들은 서로 다른 생산물을 비교하고 교환할 수 있는 것이다.

사실 우리가 평소 "이 상품에는 이만큼의 가치가 있다"고 말할 때의 '가치'란, 상품이 가지고 있는 가치를 막연히 나타내 보인 것이다. 하지만 우리는 상품이 가치를 갖는다는 의미에 대해서는 자각하고 있지 않으며, 원래 왜, 어떻게 하여 상품이 가치를 갖는가에 대해서도 의식하고 있지 않다. 왜냐하면, 우리는 사적 노동의 생산물을 가치물(가치를 가진 물건)로 취급한다는 것을 자각적으로 행하고 있는 것은 아니기 때문이다.

원래 자각적으로 그것을 행하고 있다면, 위와 같은 설명은 불필요했다. 개개인이 뿔뿔이 흩어져, 공동 노동을 행하지 못하고, 사적으로 노동해야 하는 한, 그들은 노동생산물끼리 서로 관련시킴으로써, 사회적 관계를 성립시킬 수밖에 없다. 그리고 노동생산물끼리 서로 관련시키기 위해서는, 노동생산물을 가치물로 취급할 수밖에 없다. 이러한 사정으로 인해 사적 생산자들은 무의식 중에 노동생산물을 가치물로 취급하도록 강제되고 있는 것이다.

이렇게 사적 노동에 의해 사회적 분업을 성립시키는 사회에서는, 노동생산물은 가치라는 사회적 힘을 획득한다. 이와 같이 가치라는 속성을 획득한 유용물을 **상품**이라고 한다. 그래서 처음에는 상품은 사용가치와 교환가치를 가지고 있다고 말했는데, 옳게 말한다면, **상품은 사용가치와 가치를 갖는** 것이다. 이 사용가치와 가치라는 속성이, 각각 유용노동과 추상적 인간노동의 사회적 성격을 나타내고, 총노동의 사회적 배분에 있어서 중요한 역할을 한다는 것은 이미 본 바와 같다. 가치는 상품교환의 기준이 됨을 통해, 노동의 사회적 배분에 있어서 일정한 역할을 한다.

물상화와 물신숭배

앞에서 노동생산물이 가치라는 속성을 획득하고 상품이 되는 것은, 사적 노동을 하는 생산자들이 노동생산물을 가치물로 취급하기 때문이라는 설명을 했다. 그러나 이것을 이해하는 것은 상당히 어렵기 때문에, 몇 가지 점을 보완해 두고 싶다.

가장 중요한 것은, 가치라는 사회적 힘은, 인간들이 노동생산물을 가치물로 다루는 한에서만 발생한다는 것이다. 상품의 사용가치는 그 생산물이 원래 지니고 있는 성질에서 유래하지만, 가치는 순수하게 사회적 속성이다. 즉, 어떤 노동생산물이 가치를 가지는 것은, 전적으로 사적 생산자들이 노동생산물 대해 가치라는 힘을 부여하도록 관계하는 한에서일 뿐이다.

하지만 인간들이 이렇게 행동하는 한, 노동생산물은 인간들에 대해 가치라는 사회적 힘을 갖는 것으로 나타나, 현실에서 인간에게 그 힘을 미칠 수 있다. 이것은 신하들이 특정 개인 A에 대해서 A가 왕임을 인정하는 것처럼 행동한다면, 실제로 A는 신하들에게 왕으로서의 힘을 갖는 것으로 나타나고, 또한 실제로 그 왕으로서의 힘을 행사할 수 있는 것과 같다.

그래서 사람들이 생산물을 통해 연결되어 있는 사회에서는 실제로 인간이 아닌, 생산물 쪽이 사회적인 힘을 가진다. 인간들이 생산물을 통제하는 것이 아니라, 가치를 가진 생산물, 즉 상품이 인간을 통제한다. 이미 본 것처럼, 인간들은 자신들이 행하는 생산의 방식을 자신들 스스로 사회적으로 결정하는 것이 아니라, 시장에서 상품의 교환가치의 변동을 보고, 사후적으로 자신들의 생산을 조정하는 것이다.

이처럼 시장시스템에서 사람들은 생산물의 힘에 의존함으로써만 경제생활을 영위할 수 있기 때문에, 이 생산물의 관계가 자립화하고, 그에 따라 자신들의 생활이 휘둘리게 된다. 우리가 자신들로부터 독립된 것과 같은 '경기'에 대해 말하는 것이 가능한 것은, 이런 생산물의 관계의 자립화가 있기 때문이다.

이처럼 사회관계를 맺는 힘을 갖게 된 사물을 **물상(物**

象)이라고 하고, 인간의 경제활동이 생산물의 관계에 의해 휘둘리는 전도된 사태를 **물상화(物象化)**라고 한다.

시장이 생활 영역의 대부분을 포섭하고 있는 자본주의 사회에서는, 이런 전도를 도처에서 발견할 수 있다. 예를 들어, 농업 생산자는 가격을 일정 정도로 유지하기 위해 농작물을 대량으로 폐기 처분하기도 한다. 사회에는 충분한 생산능력이 있음에도 불구하고, 기업 간 경쟁에서 이기기 위한 해고에 의해, 매일 끼니를 거르는 실업자가 생겨난다. 기업의 이익 추구의 결과, 인간이나 자연 환경에 유해한 물질이 흩뿌려지고 있다.

우리가 사는 자본주의 사회에서는 사람들의 생활이나 자연 환경 등 구체적인 것은 모두 추상적인 가치의 운동에 의해 편성되고, 휘둘리고, 종종 파괴된다. 이러한 물상화야말로 자본주의 사회를 다른 사회로부터 구별하는 특징이다.

그리고 일단 물상화된 관계가 정착하면, 노동생산물이 상품으로 거래되는 것은 일상적인 일이 된다. 그래서 인간들의 특정 행동의 결과로서 노동생산물이 가치라는 속성을 갖게 됨에도 불구하고, 노동생산물이 가치를 갖고 상품으로 되는 것은 당연한 일이라고 생각하게 된다.

이러한 견해가 더욱 극단적으로 되면, 상품의 가치는 그 노동생산물 자신의 성질이라고 생각하게 된다. 가치는 인간의 특정한 행동에 의해 노동생산물에 부여되는 속성임에도 불구하고, 노동생산물 자체의 자연 속성이라고 착각하게 되는 것이다. 이런 착각을 물신숭배(페티시즘)라고 한다. 이러한 착각이 침투하면, 생산물이 상품이 되는 것은 이상할 것도 없게 된다.

이처럼 물상화는 사적 노동이라는 특정 노동형태, 또한 그로부터 나오는 특정 행동의 결과이며, 물신숭배는 물상화의 결과이다. 그래서 이러한 인간의 노동생산물에 대한 행동 방식이 바뀌면 물상화는 사라지고 물신숭배도 사라진다. 마르크스가 물상화의 극복을 자유로운 노동자의 어소시에이션에서 찾은 까닭이다.

『자본론』의 시각 ② ― 화폐의 힘의 원천

지금까지 본 바와 같이, 가치는 교환할 때 상품이 갖는 사회적인 힘이었다. 가치 자체는 순수하게 사회적인 힘이며, 눈에 보이는 것이 아니기 때문에, 이해하기 어려웠을지도 모른다.

하지만 실제로는 이 상품이 갖는 가치라는 사회적 힘은, **화폐**라는 형태로 물질화되어, 눈에 보이는 것이 된다. 일상적으로 우리는 가치의 힘을 화폐로 행사한다.

화폐는 우리 사회에서 매우 큰 힘을 가지고 있다. 단순히 필요한 것을 살 수 있다는 것만이 아니다. 타인에게 영향력을 행사할 수도 있다. 막대한 화폐를 소유한 사람은 그만큼 큰 사회적 권력을 갖고 있는 것이다. 왜 화폐는 이만한 힘을 갖고 있을까? 지금까지 설명에서는, 굳이 화폐를 '돈'이라고 쓰고 모호하게 취급해 왔지만, 이하에서는 이렇게 큰 힘을 갖는 화폐의 비밀에 대해 알아보자.

마르크스의 시대에도 화폐는 다양한 형태로 논의의 대상이 되었다. 이를테면, 아나키즘의 시조라고 불리는 프루동은 시장경제의 불안정성과 불평등의 원인을 화폐에서 찾았다. 그리고 사적 생산은 개인의 자유를 위해 필요하지만, 화폐는 폐기해야 한다고 주장했다. 반면, 스미스 등 고전파 경제학자들은 화폐는 유통을 원활하게 하기 위한 도구에 지나지 않는다고 생각했다.

오늘날 프루동과 같이, 화폐의 폐기를 주장하는 사람은 거의 없지만, 고전파 경제학자와 같은 화폐관은 지금도 주류라고 말할 수 있다. 이러한 화폐관에는 다양한 형태가 있지만, 기본적으로는 화폐가 갖는 유통수단으로서의 기능, 즉 상품 유통의 매개물로서의 기능으로 화폐를 특징짓는 사고방식이다. 단적으로 말하면, 상품교환을 편리하게 하는 도구로서 화폐를 이해하는 사고방식이다.

그러나 마르크스는 화폐에 대해 전혀 다른 접근을 했다. 마르크스는 상품교환 전에 이뤄지는 '가격표 붙이기'에 주목했다. 현실의 거래를 보면 알 수 있듯이, 상품을 교환할 때에는 어떤 형태로든 반드시 가격표 붙이기가 행해지고 있다. 마르크스는 무엇보다도 먼저 이 가격표의 필요성으로부터 화폐가 생겨난다고 생각했다. 이처럼 화폐를 '가격표 붙이기'로부터 설명해야 화폐의 힘의 비밀이 드러난다.

그러면 어떻게 가격표의 필요성으로부터 화폐가 생성될 수 있을까? 이제부터는 이 문제를 생각해 가기로 하자. 사실 『자본론』 중에서도 난해하다고 알려진 '가치형태론'

은, 이 가격표의 필요성으로부터 화폐의 생성을 설명한다.

가격표의 수수께끼

우선, 왜 가격표가 반드시 필요한지 생각해 보자.

이미 살펴보았듯이, 상품의 사용가치는 교환의 기준이 되지 않으므로, 우리는 상품의 가치를 기준으로 교환을 행한다. 그러나 상품의 가치는 순전히 사회적인 것이어서, 그대로는 보이지 않는다. 가치가 교환 상대에게 보이지 않으면 교환을 할 수 없다. 그래서 가치를 기준으로 상품을 교환하려면, 상품의 가치를 눈으로 볼 수 있도록 표현할 필요가 있다. 사실 이것을 가능하게 하는 것이 **가격표**이다.

다음으로 생각해야 할 것은, 가격표에 의한 가치 표현이 어떠한 메커니즘에 의해 성립되고 있는가 하는 것이다. 물론 보통의 감각으로는, 이런 것을 새삼 생각할 필요가 없다고 생각할 것이다. 예를 들어, 한 권의 책에 1,000엔이라는 가격표가 붙어 있다면, 이 책의 가치가 1,000엔이라고 표시되는 것이다. 아무것도 어려운 것은 없다. 그렇게 생각하는 것이 보통일 것이다.

그러나 도대체 1,000엔이라고 할 때의 '엔'이란 무엇일까? 불환지폐제도로 이행된 현재에는 더 이상 해당하지 않지만, 원래 엔이라는 것은 금 무게의 단위이다. 구체적으로 말하면, 2차대전 이전의 금본위제 시대에는, 1엔은 750 밀리그램 무게의 금을 의미하는 단위였다. 따라서 어떤 책에 1,000엔이라는 가격표가 붙어 있다면, 그것은 "이 책의 가치는 750그램의 금과 같고, 750그램의 금을 가지고 오면 이 책을 손에 넣을 수 있다"는 것을 의미했다.

그러면 상품의 가격표는, 원래는 금의 무게에 의해 그 상품의 가치의 크기를 표시하는 것이었다는 것이다. 하지만 그것은 곰곰이 생각하면 기이한 일이다. 왜냐하면 금도 다른 상품과 마찬가지로 역시 상품 중의 하나일 뿐이고, 아무리 금을 쳐다봐도 그 가치를 알 수 없기 때문이다. 그런데 가격표에 기록되자마자, 금은 가격표가 붙은 상품의 가치를 표시하게 되었다.

자본주의 사회에 살고 있는 우리는 "금은 뭔가 특별하게 '가치'가 있는 것이다"라는 고정 관념에 젖어 있기 때문에, 어쩌면 가치가 금이라는 한 상품에 의해 표시되는 것을 특별히 이상하게 생각하지 않을지도 모른다. 이제 가격표에 기입되는 상품을 금 이외의 것으로 바꾸어 생각해 보자. 사실 인류는 금과 은을 화폐로 사용하기 이전에는, 실로 다양한 생산물을, 가치를 표시하는 데 사용했으니, 금 이외의 생산물을 생각해도 좋을 것이다.

그러면, 상품인 쌀 5킬로그램 가격표에 셔츠 한 벌이라고 써넣어 보자. 이것을 등식으로 표현하면, '5킬로그램의 쌀 = 한 벌의 셔츠'가 된다. 좌변의 상품에 가격표가 붙여지며, 우변의 상품은 가격표에 쓰여진다. 따라서 이 등식은 5킬로그램의 쌀의 가치가 한 벌의 셔츠라고 적혀진 가격표에 의해 표현된다는 것을 의미한다. 여기에서는 셔츠가 쌀이 지닌 가치를 나타내는 것이다.

하지만 셔츠는 어디까지나 쌀과 같이 한 상품에 지나지 않고, 셔츠만을 단독으로 보고 있어도 그 가치는 전혀 모른다. 원래 단순한 상품에 불과했던 셔츠가, 쌀의 가격표에 적히자마자 어떻게 쌀의 가치를 나타낼 수 있게 될까? 이것이 가격표의 수수께끼이다.

이 가격표의 수수께끼를 생각할 경우에는, 양변의 생산물의 양은 문제가 되지 않기 때문에, 간단하게 하기 위해 이 등식을 쌀 = 셔츠로 생각하자.

가격표의 메커니즘

상품으로 팔기 위해, 쌀에 셔츠라고 적힌 가격표를 붙인다고 하자. 그러면 셔츠를 내밀면 쌀을 손에 넣을 수 있다.

이때 셔츠는 쌀 가격표에 적혀 있기 때문에, 쌀에 대해서 직접 자신이 가진 가치의 힘을 발휘할 수 있다. 쌀 주인 쪽은 쌀의 가치를 표시하고, 이를 교환하기 위해 가격표를 필요로 했다. 그런데 가격표에 적힌 셔츠 쪽은, 가격표 없이 갑자기 가치의 힘을 발휘해, 그것을 교환할 수 있는 것이다. 즉, 가격표 없이 셔츠가 갖는 가치의 힘을 행사해, 쌀을 구할 수 있다.

이 관계의 내부에서는, 셔츠는 자신에게 가격표를 붙이지 않고, 셔츠 그대로 가치로서의 힘을 발휘할 수 있다. 그래서 셔츠는 셔츠 그대로 가치를 체현하는 것이 된다. 이러한 성격을 부여받은 상품을 **가치체**라고 한다. 쌀은 이 가치체로서의 셔츠에 의해 자신의 가치를 표현하는 것이다. 예를 들어, 저울로 무게를 달 때 사용되는 분동이 무게를 체현하는 것처럼, 여기에서는 가격표에 적힌 상품이 가치를 체현한다.

가격표에 적힘으로써 가치체가 된 셔츠는, 가격표가 부착된 상품에 대하여 **직접적 교환가능성**을 가지고 있다. 직접적 교환가능성이란, 마음만 먹으면 반드시 그것으로 상대방의 상품, 이 경우 쌀을 구할 수 있다는 것이다. 한편, 쌀은 직접적 교환가능성을 갖고 있지 않다. 셔츠를 가진 사람이 쌀과 교환하겠다는 마음을 먹을 때에만, 셔츠와 교환할 수 있을 뿐이다. 그래서 가격표에 적힌 상품만이 직접적 교환가능성이라는 특별한 힘을 갖게 된다.

이상에서 기본적으로 가격표의 수수께끼는 풀었다. 하지만 쌀 = 셔츠는 아직 완전한 가치 표현으로는 되지 않

자본주의를 보는 방식을 바꾸다

앴다. 왜냐하면 이 경우, 쌀 소지자는 셔츠 소지자에 대해서, 쌀의 가치를 표시한 것에 지나지 않기 때문이다. 가치는 본래 모든 사적 노동의 생산물을 상호 관련시키기 위해 주어진 사회적 힘이기 때문에, 이것으로는 진정한 가치표현이라고 할 수 없다.

그래서 쌀 = 셔츠라는 등식을 더욱 발전시켜 보자. 쌀 = 셔츠라는 가치 표현에 있어서, 셔츠는 단지 가치표현의 재료에 지나지 않으니, 그것이 가치물이라면 무엇이든 좋다. 따라서 쌀 이외의 모든 상품을 우변에 둘 수 있다.

$$
쌀 \left\{ \begin{array}{l} = 셔츠 \\ = 구두 \\ = 연필 \\ = 노트 \\ = 등등 \end{array} \right.
$$

이 전개된 가치 표현에서는 모든 상품이 관련되어 있다. 쌀 생산자는 셔츠가 필요한 때에는 가격표에 셔츠라고 쓰고, 구두가 필요할 때에는 구두라고 써서, 쌀과 모든 상품을 교환하는 것이 일단은 가능하다.

그러나 이 가치 표현 역시 미흡하다. 상품들이 제각각 다른 가치 표현을 갖고 있어, 가치 표현이 통일적인 방식으로 행해지지 않았기 때문이다. 이래서는 상품의 가치를 서로 비교해 교환하기가 쉽지 않다.

따라서 모든 상품에 공통된 통일적인 가치 표현이 필요하다. 쌀이 모든 상품과 교환되고 있는 경우를 생각한다면, 이 교환 관계 속에는 전개된 가치 표현과는 반대의 가치 표현이 숨어 있음을 알 수 있다. 즉, 쌀이 다른 모든 상품으로 자신의 가치를 표현하는 것이 아니라, 역으로 쌀 이외의 모든 상품이 쌀에 의해 자신들의 가치를 표현하는 가치 표현이다.

셔츠 =
구두 =
연필 =   쌀
노트 =
등등 =

이 가치 표현에서는 쌀 이외의 모든 상품에 대해 통일적인 가치 표현이 성립하고 있다. 쌀 이외의 상품은 쌀을 공통의 등가물로 함으로써 공통의 가치 표현을 획득하고 있으며, 쌀을 매개로 하여 서로 가치로서 관련되고 있다.

이러한 가치 표현을 '일반적 가치형태'라고 하며, 자기 이외의 모든 상품의 가격표에 쓰여 있는 상품을 '일반적 등가물'이라고 한다.

화폐의 힘

앞에서는 임의로 쌀을 지정했지만, 현실의 역사에서는 인류는 일반적 등가물로 금을 선출했다. 금은 어느 한 조각을 보더라도 균질하고, 임의의 양적 분할이 가능하며, 합할 수 있다는 자연 속성을 가지고 있기 때문에, 일반적 등가물이라는 사회적 기능을 가장 잘 수행할 수 있기 때문이다.

일반적 등가물이 금으로 고정되면 금은 화폐가 된다. 화폐에 의한 상품가치의 표현을 **가격**이라고 한다. 가격이야말로 가치에 가장 적합한 일반적인 가치 표현인 것이다.

쌀에 셔츠라고 적힌 가격표가 부착된 경우, 셔츠는 쌀에 대한 직접적 교환가능성을 가질 뿐이다. 그런데 가격에 의한 가치 표현의 경우에는, 모든 상품의 가격표에 금이라고 적혀 있으니, 금은 모든 상품에 대해 직접적 교환가능성을 갖는다. 즉, 화폐는 모든 상품을 손에 넣을 수 있는 힘을 가지고 있다. 한편, 상품의 소유자는 화폐의 소유자가 그것을 갖고 싶어하지 않는 한, 화폐를 손에 넣을 수 없다. 따라서 화폐만이 모든 상품들에 대한 직접적 교환가능성이라는 특별한 힘을 갖는다.

화폐의 힘은 금이라는 물질에서 나오는 것도 아니고, 인간들의 결정에서 나오는 것도 아니다. 그것은 상품의 가치 표현의 필요성에서 필연적으로 생겨나는 것으로, 상품 생산 자체에 기인하고 있다. 상품생산이 전반적으로 될수록 화폐의 힘은 점점 더 강력해진다.

이제 인간들은 상품의 가치를, 가치체로서의 화폐를 사용하여 표시하고, 상품을 판매함으로써 화폐를 손에 넣으며, 이 화폐가 갖는 가치체로서의 힘을 행사해 자기가 원하는 것을 손에 넣을 수 있다. 실은, 이것에 의해서, 물물 교환의 어려움, 즉 서로 갖고 싶은 물건이 일치하지 않으면 교환할 수 없다는 문제도 해결된다. 이렇게 해서 상품교환은 판매와 구매라는 두 가지 행위로 분리된다.

또한 인간들은 화폐를 사용하여 가격표를 붙임으로써, 노동생산물이 아닌 것도 상품으로 만들 수 있다. 예를 들어, 미개척 토지는 노동생산물은 아니지만, 가격을 매겨 판매할 수 있다. 이렇게 가격에 의한 가치 표현은, 가치로부터 괴리된 가격을 나타낼 수 있을 뿐만 아니라, 애초에 가치를 가지고 있지 않은 물건을 상품으로 만들 수 있다.

현대에는 금본위제가 폐지되고, 금 달러 교환을 보증했던 브레튼우즈 체제도 붕괴했기 때문에, 금은 화폐가 아닌 것 아닌가 하는 의문을 갖는 사람들도 있을 수 있다. 하긴 우리가 일상적으로 '화폐'로 표상하는 것은, 중앙은행이

자본주의를 보는 방식을 바꾸다

발행하는 은행권이기 때문에, 더 이상 그것을 금과 태환할 수 없다.

하지만 중앙은행권은 어디까지나 본래의 가치체의 대리를 하고 있을 뿐이다. 실제로 아무리 태환할 필요가 없다고 해도, 중앙은행이 실물경제와 무관하게 은행권을 공급해 구매력을 계속 창출할 수는 없다. 그런 짓을 하면, 소위 지폐의 '감가'가 일어나 인플레이션이 발생하고 말 것이기 때문이다. 현대의 관리통화제도 역시 여기에서 살펴본 금속화폐의 발전으로 파악하지 않으면, 그 본질을 이해할 수 없다.

물상(物象)의 인격화

지금까지의 고찰에서 알 수 있는 것은, 사적 노동을 하는 한 상품이 필요하며, 상품이 존재하는 한 화폐가 필요하다는 것이다. 즉, 사적 생산자들이 노동생산물을 가치물로 취급하는 한, 인간의 의지나 욕망과는 관계없이 가격에 의한 가치 표현이 반드시 필요하다.

실제로 인간들이 일반적으로 노동생산물을 상품으로 교환하는 사회에서는, 그 사회가 어떤 문화를 갖든 어떤 기후 조건에서 어떤 언어를 사용하든 반드시 화폐가 존재한다. 그러니 프루동이 원하는 대로, 상품생산을 남기고 화폐만 폐기한다는 것은 거의 불가능하다.

이와 같이, 가치나 그것을 표현하는 가격은, 사적 생산자가 사회적 관계를 수립하기 위해서, 인간들이 자각하지 못한 채 만들어 낸 것이다. 그래서 그것을 이해하기 위해 복잡한 고찰이 필요했다.

이것은 우리가 일상적으로 일본어를 구사하고 있음에도 불구하고, 일본어 문법을 정확히 알지 못하고 있다는 것과 비슷하다. 우리들은 자각하지 못하는 사이에 문법을 능숙하게 사용하고 있으므로, 일본어 문법체계가 어떤 것인지를 알기 위해서는, 결국 일본어에 대한 깊이 있는 고찰이 필요하다. 그런 의미에서 지금까지의 논의는 이른바 '상품어(商品語)'의 문법 해설이었던 것이다.

사람들의 무의식적 행동을 통해 상품이나 화폐가 생겨나면, 이번에는 우리의 의식이나 욕망의 존재방식에 크게 영향을 주어, 그것을 완전히 다른 것으로 바꾸어 버린다. 본래 인간이 갖고 있던 것과는 다른 의식이나 욕망이, 인간의 창조물인 상품이나 화폐에 의해 만들어지는 것이다.

아무리 물상화하고 전도된 관계가 생겨난다고 해도, 상품이나 화폐가 저절로 운동하는 것은 아니다. 현실에서 상품이나 화폐를 교환하는 것은 역시 의지와 욕망을 가진 인간들이다. 그래서 인간들은 상품이나 화폐라는 물상의 인격적 담당자로서 행위함으로써, 물상의 논리에 영향을 받아 스스로의 인격 자체를 변용시켜 버린다. 마르크스는 이러한 사태를 종종 **물상의 인격화**라는 개념을 사용하여 설명한다. 이러한 사태의 구체적인 예를 세 가지만 들어 보자.

첫째, 화폐의 인격화로서 인간이 행위함으로써 새로운 욕망이 생겨난다. 사용가치에 대한 욕망에는 한계가 있다. 가령, 아무리 식욕이 왕성해도 하루에 먹을 수 있는 음식에는 한도가 있다. 그러나 화폐에 대한 욕망은 끝이 없다. 화폐는 모든 것을 얻을 수 있을 뿐만 아니라, 상품이 아닌 것조차 상품으로 만들 수 있는 매우 추상적인 사회적 힘이며, 아무리 많이 가져도 지나치지 않다. 이렇게 해서 화폐에 대한 끝없는 축장(蓄藏) 욕구가 생긴다. 인간의 욕망은 생활에 필요한 것을 손에 넣는 것으로부터, 오로지 부 일반의 축적을 추구하는 것으로 변화해 버린다.

둘째, 인간들이 물상의 인격적 담당자로서 행위함으로써 소유의 존재방식이 변화한다. 물상화된 관계에 있어서는, 물상의 힘에 의한 것이 아니면, 물건을 소유하는 것이 인정되지 않는다. 이 점에 대해서는 나중에 자세히 논의한다.

셋째, 이데올로기 차원에서도 물상의 인격적 담당자로서의 '자유, 평등, 소유'를 인간 본래의 자유, 평등, 소유로 여기는 환상이 생겨난다. 즉, 물상의 담당자로서 누구나 평등할 것(돈을 가지고 있으면 누구라도 상품을 살 수 있다), 물상의 담당자로서 누구나 자유로울 것(시장에서 자유롭게 상품을 선택할 수 있다), 물상의 담당자로서만 소유가 인정될 것(화폐를 소유하기 위해서는 상품을 팔아야 하고, 상품을 소유하기 위해서는 화폐를 지불해야 한다) 등을 본래의 '자유, 평등, 소유'라고 생각하여, 이러한 '자유, 평등, 소유'를 이상화하는 환상이다. 예를 들어, 신고전파 경제학의 대표자인 밀턴 프리드먼의 저작『자본주의와 자유』는 바로 이 환상을 이론적으로 표현한 것이다.

『자본론』의 시각 ③ ─ 자본의 힘과
임금노동이라는 특수한 일하는 방식

자본이란 무엇인가?

자, 이상으로 간신히 상품과 화폐의 설명을 마쳤으므로, 드디어 자본에 대한 설명에 들어가자.

지금까지의 설명에 상정되어 온 상품 매매는 기본적으로 '사기 위해 판다'였다. 『자본론』에서 사용된 기호를 사용하면, 'W-G-W[W = Ware(상품), G = Geld(화폐)]'이다. 자신이 생산한 상품을 팔아 화폐를 손에 넣고, 이 화폐로 자신이 원하는 상품을 산다.

그러나 이미 살펴보았듯이, 사람들이 상품교환에 화폐를 사용하게 되면 새로운 욕망이 싹튼다. 즉, 단순히 사용가치를 획득하기 위한 수단으로 화폐를 탐내는 것이 아니라, 화폐 자체를 욕망의 대상으로 삼아 그것을 가능한 한 많이 가지려는 욕망이 생겨난다.

처음에는 부지런히 일하고 절약함으로써 화폐를 모으려 한다. 가능한 한 많이 판매하고, 가능한 한 적게 구매하는 방식이다. 그러나 이 방식은 곧 한계에 부딪친다. 원래 화폐는 사용함으로써 비로소 그 힘을 행사할 수 있는데, 사용하지 않음으로써 화폐를 늘리려는 방식이기 때문이다.

거기서, 더 효율적이고 합리적인 방식이 추구된다. 그것은 '팔기 위해 산다'이다. 기호로 쓰면, 'G-W-G'(G' = G + △G)'가 된다. 소지하고 있는 화폐로 상품을 사고, 그리고 나서 상품을 팔고 다시 화폐를 손에 넣는다. 이때 화폐량은 처음 갖고 있던 화폐량보다 더 증가한다.

이 방식의 특징은, 가치의 증가가 과정의 목적이 되고 있다는 것이다. 물론 '사기 위해 파는' 경우에도 근면과 절제로 화폐를 늘리는 것은 가능했다. 그러나 거기에서는 자신이 만들어 낸 가치를 사용하지 않고 쌓아 두고 있을 뿐, 과정 중에서는 가치가 증가하지 않았다. 그런데 '팔기 위해 산다'라는 과정에서는, 원래 있던 가치가 이 과정 중에서 증가한다. 즉, **가치 자신의 힘에 의해 가치가 증가하는 것**이다.

이제는 이전처럼 가치가 단순히 교환의 기준으로서만 필요한 것이 아니다. 오히려 가치가 이 과정의 주체가 되어, 스스로의 힘에 의해 증식한다. 이러한 자기 증식하는 가치를 **자본**이라고 한다. 물론 상품이나 화폐처럼, 자본 또한 '팔기 위해 산다'라는 행위를 실제로 수행하는 인격적 담당자를 필요로 한다. 이 자본의 인격적 담당자를 **자본가**라고 한다.

자본가는 절제하는 것이 아니라, 오히려 적극적으로 화폐를 유통에 투입하여 이것을 증식한다. 가치에 의하여 가치를 늘리는 것이다. 그러나 '팔기 위해 산다'는 이 방식에는 큰 어려움이 있다. 그것은 등가 교환에 의해, 대체 어떻게 가치를 증가시킬 수 있는가라는 것이다.

물론 본래의 가치보다 높은 가격에 상품이 팔릴 수도 있겠지만, 그것은 우연적인 것에 지나지 않고 사회 전체로는 성립되지 않는다. 그래서 가치대로의 교환을 전제로, 어떻게 가치를 증가시킬 수 있는지를 생각해야 한다. 자본가는 어떻게 이 어려움을 해결하고 있을까?

실은 자본가는, 노동력 상품을 구매하고 소비함으로써 가치를 증식하고 있는 것이다. 왜냐하면 노동력이야말로 가치를 창출할 수 있는 유일한 상품이기 때문이다. 이를 자세히 살펴보자.

자본가가 구매하는 것은 **노동**이 아니라 **노동력**이다

우선 주의해야 할 것은, 자본가가 사는 것은 노동이 아니라 노동력이라는 점이다. 임금노동자는 시간을 정해서 자신의 노동력을 사용할 권리를 파는 것이며, 이것을 산 자본가가 이 권리를 행사할지 여부는 자유이다. 자본가들이 이 권리를 행사했을 경우에는 노동이 실제로 행해지게 된다.

이것은, 예를 들어 우리가 자동청소기를 샀을 때, 우리가 산 것은 이 자동청소기의 처분권이며, 이 자동청소기가 행하는 청소를 산 것이 아니라는 점과 같다. 우리는 구입한 자동청소기를 바로 사용할 수도 있고, 사용하지 않고 방치할 수도 있다. 이와 같이, 노동은 노동력 상품을 소비했을 때 행해지는 것이며, 시장에서 매매되고 있는 것은 어디까지나 노동력인 것이다.

그런데 자본주의 사회에는 왜 노동력이라는 상품이 존재하는 것일까. 직접적으로 생산을 행하는 노동자의 대부분이 노동 용구나 원료 등의 생산수단을 가지고 있지 않기 때문이다. 생산수단을 가지고 있지 않으면, 스스로 일해서 상품을 생산할 수 없다. 그런데 근대 사회에서는 이제 공동체적 질서는 해체되었으니, 어떤 상품을 판매하여 화폐를 얻지 않으면 생활에 필요한 물품을 구할 수 없다. 따라서 생산수단을 갖지 않는 무소유의 노동자들은 유일하게 판매할 수 있는 자신의 노동 능력을 판매하는 것이다.

즉, 임금노동자들은 자신의 노동의 성과를 판매할 수 없기 때문에, 노동력을 판매하도록 압박받는 것이다. 그래서 임금은 아무리 노동의 대가인 것처럼 보일지라도, 노동력에 대한 지불인 것이다.

그러면, 이 노동력 상품의 가치는 어떻게 결정되는 것

일까. 보통의 상품이라면, 가치의 크기는 그 생산에 필요한 사회적 필요노동시간에 의해 결정된다. 그런데 노동력은 노동 생산물이 아니다. 어떻게 생각하면 좋을까.

이미 본 바와 같이, 상품의 가치가 노동량에 의해 결정되는 것은, 그것이 생산의 계속, 즉 재생산에 필요하기 때문이다. 노동력의 가치의 크기도 마찬가지로, 노동력의 재생산 가능성에 따라 결정된다. 그러면 노동력의 재생산 가능성은 무엇일까. 그것은 노동력의 소지자인 인격의 유지와 다름없다. 그래서 노동력 가치의 크기는, 노동력 소지자의 유지에 필요한 생활 수단(식량, 의류, 주거 등)의 가치의 크기에 의해 규정된다. 즉, 노동력의 재생산에 필요한 상품의 생산을 위해서, 사회적으로 필요로 하는 노동시간에 의해 규정된다. 단적으로 말하면, **노동력의 가치는 노동력의 재생산비에 의해 결정된다**고 할 수 있다.

임금은 시간 임금이든 성과급 임금이든, 이 재생산비를 시간당 또는 성과당으로 표현한 것에 불과하다. 노동력 1일의 재생산비가 1만 엔이며, 시급제로 10시간 일한다면, 시급 1,000엔이 된다. 또한 성과급 임금의 경우도 마찬가지로, 하루의 표준적인 생산량으로 1만 엔을 나눈 것이 생산물 1개당 임금이 될 것이다. 실제로 노동자들이 열심히 생산량을 늘려, 전체적으로 임금이 재생산비를 웃돌 경우, 자본가는 성과당 임금을 낮추려는 경향이 있다.

노동력의 재생산비 중에는, 임금노동자 개인의 재생산비뿐만 아니라, 아이를 키우기 위한 양육비, 나아가 그가 직업적인 기능을 습득하기 위해 필요한 수업비가 포함된다.

또한 노동력의 재생산에 필요한 생활수단은 결코 고정적인 것이 아니다. 그것은 노동력의 소지자가 정상적인 상태로 생활해 나가는 데 충분해야 하며, 그가 사는 지역의 기후 및 기타 자연 조건에 의해 좌우된다. 또한 같은 지역이라도, 문화의 존재방식이나 욕구의 발전 정도에 따라 필요로 하는 것은 다르다. 그래서 노동력의 가치는 보통 상품과는 달리, 역사적이고 사회 관행적인 요소를 포함하고 있다.

잉여가치 생산 메커니즘

그렇다면, 이 노동력 상품을 사용해, 자본가는 어떻게 가치를 증식시킬까.

예를 들어, 임금노동자가 평균적으로 매일 1만 엔으로 노동력을 재생산할 수 있는 사회에서, 자본가가 노동자 1명을 하루 1만 엔으로 고용해, 의복을 생산하도록 한다고 하자. 또한 1시간의 노동이 창출하는 가치를 2,000엔이라는 가격으로 나타낼 수 있으며, 재봉틀이나 옷감 등 생산수단에 드는 비용은 제로라고 가정하자.

이때, 자본가는 임금노동자의 노동력을 하루 동안 자유롭게 사용할 권리를 갖고 있다. 우선 노동자를 3시간만 노동하게 했다고 하자. 이때, 노동자는 3시간의 가치, 즉 6,000엔의 가치를 창출한다. 하지만 노동력을 구입하는 데 1만 엔이 들었기 때문에, 자본가에게는 4,000엔이 손해이며, 이렇게 해서는 노동력을 사는 의미가 없다.

다음으로, 5시간을 노동하게 하면, 노동력은 1만 엔만큼의 가치를 창출하고, 자본가의 수지는 제로가 된다. 이 경우도 자본가는 밑천을 늘리지 못한다. 이제, 노동자를 8시간 일하게 해 보자. 그러면 노동자는 1만 6,000엔의 가치를 창출할 수 있으므로, 노동력의 구매에 소요된 1만 엔을 제외하고도 6,000엔 분량의 잉여가 발생한다.

이렇게 해서 자본가는 등가교환을 했음에도 불구하고, 가치를 늘리는 데 성공했다. 이 증식한 가치를 **잉여가치**라고 한다. 자본가는 노동자에게 8시간에 걸쳐 만들게 한 의복을 그 가치대로 판매하는 데 성공하면, 처음에 투자한 1만 엔보다 많은 1만 6,000엔의 화폐를 손에 넣을 수 있다.

어떻게 이런 일이 가능할까. 그것은 노동력이 노동에 의해 가치를 생산하기 때문이다. 그러므로 노동력은 자신의 가치 이상의 가치를 생산할 수 있다. 앞의 예에서 말하면, 노동력은 자신의 가치인 5시간의 가치보다도 3시간만큼 많은 가치를 생산했다. 노동력 상품이 이러한 특수한 사용가치를 갖고 있기 때문에, 자본가는 등가교환을 했음에도 불구하고, 가치를 증식할 수 있었던 것이다. 역으로, 이 사태를 임금노동자의 측면에서 보면, 자신의 자유로운 의지에 근거해 등가교환을 했음에도 불구하고, 자신의 노동의 성과를 착취당한 것이 된다.

자본가는 전근대 사회의 노예주나 봉건 영주처럼, 인격 지배에 근거해 직접 강제함으로써 착취하는 것이 아니다. 시장에서의 자유로운 거래의 결과로서 타인의 노동을 착취하고 잉여가치를 획득할 수 있는 것이다.

사실 이것이 자본주의에서 다른 어떤 사회보다 가혹한 착취가 가능하게 되는 이유이다. 그것에 의해, 잉여노동을 강제로 끌어내는 것이 아니라, 상대방의 자발성에 기초하여 끌어내는 것이 가능해지기 때문이다.

마르크스는 『자본론』의 초고에서, 이 사정을 선명하게 묘사했다.

"노예는 단지 외적 공포에 휩싸여 노동할 뿐이며, 그의 존재(그에게 속하지는 않지만, 보증되기는 한다)를 위해 노동하는 것은 아니다. 이에 반해, 자유로운 노동자는 자신의 필요에 따라 노동한다. 자유로운 자기 결정, 즉 자유의 의식(또는 오

자본주의를 보는 방식을 바꾸다

히려 표상)이나 그것과 관련된 책임의 감정(의식)은, 자유로
운 노동자를 노예보다 훨씬 뛰어난 노동자로 만든다. 왜냐
하면 그는 모든 상품의 판매자가 그렇듯이, 그가 제공하는
상품에 책임을 지고 있고, 또한 동종 상품의 다른 판매자에
게 밀려나지 않기 위해서는 일정한 품질로 상품을 제공해야
하기 때문이다. 노예와 노예 보유자와의 관계의 연속성은,
노예가 직접적 강제에 의해 유지되고 있는 관계이다. 이에
반해, 자유로운 노동자는 자신이 관계의 연속성을 유지해야
한다. 그것은, 그의 존재도 그의 가족의 존재도, 그가 끊임
없이 반복하여 자신의 노동 능력을 자본가에게 판매하는 것
에 의존하고 있기 때문이다."(「직접적 생산과정의 결과」)

바로 이러한 사정 때문에, "타인의 근면의 생산자로
서, 잉여노동의 흡입자및 노동력의 착취자로서, 자본은 에
너지, 무절도(無節度) 및 효과 등의 측면에서 직접적인 강제
노동에 기초한 종래의 모든 생산 체제를 능가"하는 것이 가
능한 것이다.

이상의 설명에서는 생산수단을 취급하지 않았지만,
실제 상품생산에는 생산수단이 필요하다. 생산수단의 가
치는 그 생산물의 생산에 사용된 만큼, 그 생산물로 이전
한다. 원재료의 경우는 사용된 만큼, 도구나 기계의 경우는
마멸된 만큼 이전한다. 이렇게 생산수단에 투하된 자본은,

상품으로 가치를 이전할 뿐 증가하지 않기 때문에, **불변자본**이라고 한다.

한편, 노동력에 투하된 자본은 앞서 본 것처럼, 가치를 증식시킬 수 있기 때문에, **가변자본**이라고 한다.

상품의 가치는 그 상품의 생산에 직접 필요로 하는 노동뿐만 아니라, 그 생산에 필요한 생산수단의 가치를 포함하기 때문에, '상품 가치 = 이전된 생산수단의 가치 + 노동력에 의해 부가된 가치'가 된다. 노동력에 의해 부가된 가치에서 노동력의 가치를 뺀 것이 잉여가치이다.

노동시간의 연장

자본가는 단순히 잉여가치를 얻는 것만으로는 만족하지 않는다. 그의 목적은, 갖고 있는 화폐를 사용하여 가능한 한 많은 화폐를 얻는 것, 즉 가능한 한 많은 잉여가치를 얻는 것이기 때문이다. 자본가는 이 목적을 위해서, 노동의 존재방식이나 생산방법을 지금까지와는 전혀 다른 것으로 바꾸어 버린다.

우선, 자본가는 노동시간을 가능한 한 연장하려고 한다. '잉여가치 = 노동자가 만들어 낸 가치 – 노동력 가치'이므로, 더 오랜 시간 노동하게 함으로써 잉여가치를 늘릴 수 있다. 이처럼 노동시간의 연장에 의해 만들어지는 잉여가치를 **절대적 잉여가치**라고 한다.

실제로는 일정 한도를 넘어 노동시간을 연장하면, 그에 비례해 노동력의 가치도 높아진다. 노동시간이 너무 길어지면 그만큼 노동력을 재생산하는 데 필요한 비용이 증가하기 때문이다. 예를 들어, 노동시간이 길어지면 가사 등을 할 여유가 없어져, 아무래도 기성 상품이나 서비스에 의지하기 쉽다는 것을 생각해 보면 좋을 것이다.

하지만 그 경우에도 노동시간을 증가시킴으로써 얻는 가치는, 노동력 가치의 증가를 훨씬 상회하므로, 자본가가 노동시간 연장의 추구를 그만두는 일은 없다. 게다가 자본가가 노동력의 가치 증가에 대해서, 가능한 한 지불하지 않으려고 노력하는 것은, '서비스 잔업'에서 자주 보듯이 명백하다.

이러한 노동시간의 연장은, 노동력의 판매자인 임금노동자의 측면에서 보면, 자유 시간의 단축이다. 자본에 의해 강제되는 오랜 노동시간은 임금노동자들의 인간다운 생활을 위한 시간을 박탈한다.

그뿐만이 아니다. 너무 긴 노동시간은 결국 임금노동자의 생존마저 위협한다. 임금노동자는 애쓴 만큼에 걸맞은 휴식을 취할 수 없어, 심신의 건강이 파괴되고, 경우에 따라서는 생존마저 위협받는다. 노동시간의 과도한 연장은, 임금노동자의 수명을 단축함으로써만 가능한 것이다.

마르크스는 『자본론』에서 공장감독관의 보고서를 인용해, 19세기 중반 영국에서 과중한 노동에 대해 극명하게 묘사하고 있지만, 현대 일본에서도 결코 과거의 문제가 아니다.

만약 아무런 제동이 없다면, 이러한 임금노동자의 건강 파괴는 결국 자본 자체의 존립을 위협하게 될 것이다. 사회 전체로서 임금노동자를 재생산하지 못하면, 자본주의 사회 자체가 존속할 수 없기 때문이다.

그런데도 자본가들은, 최대한의 노동시간의 추구를 그만두려고 하지 않는다. "대홍수여, 내가 죽은 뒤에 오라!" 이것이 그들의 정신이다.

"자신을 둘러싸고 있는 노동자 세대의 고뇌를 부인하는, 실로 '충분한 이유'를 가진 자본은, 그 실제 운동에서, 인류의 미래의 퇴화나 결국은 막을 수 없는 인구 감소 등의 예상에 의해 조금도 좌우되지 않는데, 이는 지구가 태양으로 추락할지도 모른다는 것에 조금도 좌우되지 않는 것과 같다. 어떤 주식 투기에 있어서도, 언젠가는 벼락이 떨어질 것임을 누구나 알고 있지만, 자기 자신은 황금의 비를 받아 모아 안전한 장소에 옮긴 뒤에, 이웃의 머리에 벼락이 명중되기를 원하는 것이다. "대홍수여, 내가 죽은 뒤에 오라!", 이것이 모든 자본가와 모든 자본가 국민의 슬로건이다. 그러므로 자본은 사회에 의해 강제되지 않으면, 노동자의 건강과 수

　　　　　　　　　　　자본주의를 보는 방식을 바꾸다

명에 대해 어떤 고려도 하지 않는다."(『자본론』 제1권)

1867년의 마르크스의 말이 마치 현대 일본의 사회 상태를 예견하는 것처럼 들리지 않는가.

물론 자본가 중에도 노동조건의 악화에 마음 아파하는 양심적인 사람도 있을지도 모르지만, 그래도 가치 증식의 추구를 멈출 수는 없다. 왜냐하면 자본가는 끊임없이 다른 자본가와의 경쟁에 노출되어 있기 때문이다. 최대한의 가치증식을 추구하는 것을 멈추면, 그는 경쟁에서 패배해 자본가로서 살아갈 수 없게 된다.

자본의 파멸적인 운동에 제동을 걸 수 있는 것은 사회의 측, 특히 살기 위해 자신의 노동력을 파괴로부터 보호해야 할 임금노동자이다. 그들이 국가에 압력을 가함으로써, 다양한 노동시간 규제가 제정되었다. 이러한 노동시간 규제는, 단순히 노동력 상품을 파괴로부터 지켜낼 뿐 아니라, 노동자들의 육체적, 정신적 여유를 되찾게 해 사회에 관심을 기울일 수 있는 여건을 만든다는 의미도 있다.

따라서 마르크스는 "그것 없이는, 한층 진전된 개혁이나 해방의 시도가 모두 실패로 끝날 수밖에 없는 선결 조건은, 노동일[하루의 노동시간]의 제한이다"(『자본론』 제1권)라고 말해, 노동시간 규제를 매우 중시했다.

현재 일본에는 노동기준법에 '36협정'(시간 외 노동협정

– 옮긴이)이란 허점이 있기 때문에, 사실상 노동시간 규제는 존재하지 않는다. 안타까운 일이지만, 일본 사회의 참상을 보면 이 마르크스의 언명이 얼마나 정확한지 알 수 있을 것이다.

생산력의 발전

자본이 잉여가치를 늘리기 위한 또 다른 수단은 생산력의 증가이다. 자본은 분업이나 기계의 도입으로 생산력을 증가시켜 잉여가치를 늘릴 수 있다.

이미 본 바와 같이, 생산력 증가는 추상적 인간노동에는 작용하지 않지만, 유용노동에는 영향을 미친다. 즉, 어느 일정한 노동량을 투입했을 때 생산되는 사용가치의 양을 늘릴 수 있다. 생산력이 2배가 되었다면, 시간당 생산되는 가치량은 변화하지 않지만 2배의 생산물이 생산되므로, 생산물 1개당에 부가되는 가치는 반감한다. 생산력이 높아지면 그만큼 생산물의 가치는 떨어질 것이다.

따라서 노동자의 생활수단을 생산하는 산업 부문(혹은 그 부문에서 사용되는 원재료나 기계를 생산하는 부문)에서 생산력이 높아지면, 노동자의 생활 수단의 가치가 떨어진다. 노동력의 가치는 노동력의 재생산비, 즉 노동자의 생활 수단의 가치에 의해 결정되므로, 노동자의 생활 수단의 가치가 떨어지면 노동력의 가치도 떨어진다.

이와 같이 생산력 증가는 노동력의 가치를 떨어뜨린다. 그러므로 하루 노동시간이 불변이라고 하면, 잉여가치의 양은 증가한다. 예를 들어, 노동 시간이 8시간인 경우, 노동력의 가치가 4시간 크기에서 2시간 크기로 저하한다면, 잉여가치의 양은 4시간에서 6시간으로 상승한다. 이처럼 노동력 가치의 저하에 의해 만들어지는 잉여가치를 **상대적 잉여가치**라고 한다.

하지만 개별 자본가는 직접적으로 상대적 잉여가치를 목적으로 생산력을 상승시키는 것은 아니다. 전반적으로 생산력이 상승하고 상대적 잉여가치가 생겨나는 것은, 개별 자본가가 생산력을 상승시킨 결과일 뿐이다.

그렇다면 왜 개별 자본가는 생산력을 상승시키려고 하는 것일까. 상품생산에 필요한 노동량을 줄임으로써, 자본가들 사이의 경쟁에서 이기기 위해서이다.

상품의 가치는 각 자본이 실제로 소비한 노동량에 의해서가 아니라, 사회적으로 평균적인 조건에서 필요로 하는 노동량에 의해 결정된다. 그래서 한 자본가가 다른 자본가에 앞서 효율적인 생산 방법을 도입하고, 사회 평균 이상의 생산력으로 상품을 생산할 수 있다면, 실제로 투입된 노동량보다 더 큰 가치를 지닌 상품으로 판매할 수 있게 된다.

이렇게 앞서 생산력을 올린 자본가는, 상품의 가치와 실제로 투입된 노동량의 차액을 얻음으로써, 다른 자본가보다 큰 잉여가치를 얻을 수 있다. 이 차액에서 얻은 잉여가치를 **특별잉여가치**라고 한다. 생산력을 먼저 끌어올린 자본가는, 상품을 가치보다는 싸지만 투하된 노동량보다는 비싸게 파는 것에 의해, 다른 자본가보다 싸게 팔고 점유율을 확대하면서 특별잉여가치를 챙길 수 있다.

이것이 개별 자본가들이 끊임없이 생산력을 올리려고 하는 이유이다. 자본가들은 서로 경쟁하고 있으니, 끊임없이 생산력을 높이고 시장점유율을 유지하고 확대하지 않고는 살아남기 어렵다. 경쟁이 자본가들에게 생산력 상승을 강제하는 것이다. 이렇게 하여 자본이 사회 전체의 생산력을 상승시켜, 상대적 잉여가치를 창출하는 것은 필연적 경향이 된다. 자본주의 사회에서는 지금까지의 사회와는 비교할 수 없을 정도로 빠르게 생산력이 증가하는 이유이다.

생산력의 상승은 임금노동자에게 어떤 영향을 미칠까

이러한 자본에 의한 생산력 상승은 임금근로자에 어떤 영향을 미칠까. 단적으로 말하면, 그것은 자본에 대한 임금노동자의 종속을 강화하는 방향으로 작용한다. 자본은 생산력의 상승을 통해 임금노동자에게 가치증식의 논리를 더욱 강력하게 밀어붙이는 것이다.

우선, 자본은 임금노동자의 노동력을 구입하여, 임금노동자들에 대한 지휘 명령권을 획득하고, 노동을 자신의 가치증식 활동에 따르게 한다. 이것을, **자본 아래로의 노동의 형태적 포섭**이라고 한다. 여기에서는 아직 생산방법의 변화는 일어나지 않았지만, 그래도 생산과정 내부의 관계에 근본적인 변화가 일어나고 있다. 사적 생산자들이 경제적인 관계를 맺을 때 물상화가 생겼듯이, 자본이 포섭한 생산과정에서도 물상화가 생기는 것이다. 왜냐하면 자본은 생산과정을 가치증식의 논리에 의해 조직하기 때문이다.

하긴, 자본의 생산과정도 사용가치를 생산한다는 의미에서는 다른 경제 시스템과 다르지 않다. 그러나 자본은 사용가치의 생산 자체를 목적으로 하는 것은 아니다. 어디까지나 목적은 가치증식이다. 그래서 자본은 사용가치의 생산을 오로지 가치증식이라는 목적에 따라 수행하는 것이다.

이때, 생산수단과 노동자 사이의 관계에 변화가 생긴다. 사용가치의 생산이라는 관점에서 보면, 양자의 관계는 노동자가 원재료나 도구 등의 생산수단을 이용해 생산물을 만든다는 것이다. 여기서는 노동자가 주체이며, 생산수단은 문자 그대로 '수단'이다. 그런데 가치증식이라는 관점에서 보면, 양자의 관계는 역전된다. 거기서는 가치증식이 목적이며, 임금노동자는 이를 위한 수단에 지나지 않기 때문이다.

실제로 임금노동자들은 자본가치의 담당자인 생산수단에 끊임없이 주의를 기울이고, 그 가치를 낭비 없이 생산물로 이전하면서 여기에 가치를 부가해야 한다. 말하자면 노동자 쪽이 생산수단의 형편에 맞추어 일해야 하는 것이다. 역으로 말하면, 노동자가 그처럼 생산수단을 자본가치로 취급하기 때문에, 생산수단은 실제로 자본가치로서의 의의를 갖고, 생산과정에서 가치증식의 논리가 관철되는 것이다.

알기 쉬운 예를 들자. 제철소 등에서는 심야에도 조업하는 것이 일반적이다. 왜냐하면 심야에 조업을 멈추면, 기계가 손상되거나 재가동하는 데 불필요한 비용이 발생하기 때문이다. 가치증식의 관점에서 보면, 이것은 손실이 아닐 수 없다. 그래서 자본은 설사 노동자의 건강을 희생하더라도 2교대제나 3교대제를 시행해, 기계의 사정에 맞게 노동자에게 심야 노동을 시키는 것이다.

이렇게 자본의 생산과정에서는, 가치의 담당자이며 노동력이 만들어 낸 가치를 흡수하는 생산수단이 주체가 되고, 노동자는 그것을 위한 단순한 수단이 된다. 이것이 자본의 생산 과정에서의 물상화이다.

이 전도된 관계는 처음에는 형태적인 것일 뿐이다. 하지만 자본은 결국 생산력의 상승과 함께, 노동의 기술적 조건 자체를 자신에게 적합하도록 변용시켜, 이 전도를 실질적인 것으로 한다.

> "모든 자본주의적 생산에 있어서는, 노동자가 노동조건을 사용하는 것이 아니라, 역으로 노동조건이 노동자를 사용한다는 것이 공통적인데, 그러나 이 전도는 기계와 함께 비로소 기술적인 일목요연한 현실성을 갖게 된다. 노동수단은, 자동장치로 전화함으로써 노동과정 동안, 자본으로서, 살아 있는 노동력을 지배하고 흡수하려고 애쓰는 죽은 노동으로서, 노동자와 상대한다. 생산과정의 정신적 능력이 손의 노동으로부터 분리되는 것, 또 이러한 역능이 노동에 대한 자본의 권력으로 전화하는 것은 (…) 기계를 기초로 해서 구축된 대공업에서 완성된다."(『자본론』제1권)

자본은 기술이나 숙련, 또는 생산에 필요한 지식이나 통찰 등을 임금노동자로부터 빼앗아, 그것을 자신의 것으로 만든다. 자본이 분업을 조직함으로써, 노동자의 작업을 일면화 · 단순화하고, 노동자는 분업에 편입됨으로써만 생산할 수 있는 존재로 바뀐다. 더욱이 대공업에서는 생산수단이 기계가 됨으로써 현실에서 능동성을 획득하고, 노동자는 그 부속물이 되어 버린다. 노동자 개인의 생산능력은 이제 완전히 박탈되어 버렸다.

화폐의 힘으로 노동력을 구매하고 그 사용권을 획득하는 것만으로는, 자본에 의한 임금노동자의 지배는 아직 확고하지 않다. 왜냐하면 실제 생산과정에서 생산수단을 다루는 것은 임금노동자이며, 임금노동자가 생산에 관한 지식이나 기술을 가지고 있는 동안은 생산과정을 자본의 생각대로 컨트롤하고 지배할 수 없기 때문이다. 그 때문에, 자본은 임금노동자로부터 생산에 관한 지식이나 기술을 탈취하는 것에 의해 비로소 자본에 의한 임금노동의 지배를 현실화할 수 있다. 이와 같이 자본이 단순히 형태적으로만이 아니라 실질적으로 노동을 포섭하는 것을, **자본 아래로의 노동의 실질적 포섭**이라고 한다.

이러한 실질적 포섭은 임금노동자의 노동시간을 한층 증가시킨다. 자본에 대한 노동자의 입지가 약해지기 때문이다. 가치가 아닌 사용가치의 생산을 목적으로 하는 전근대 사회에서, 생산력의 증가는 노동시간의 감소를 초래한다. 그런데 잉여가치의 생산을 목적으로 하는 자본주의 사회에서, 생산력의 증가는 노동시간의 증가를 가져온다. 나중에 보듯이 생산력의 상승에 따른 노동삭감의 효과는, 개개인의 노동시간의 삭감으로가 아니라, 노동인원의 삭감, 즉 실업자의 증가로 나타난다.

또한 잉여가치의 생산을 목적으로 한 생산력 증가는, 임금노동자의 노동조건을 악화시킬 뿐만 아니라, 인간들을 둘러싼 자연 환경을 파괴한다. 이것에 대해 마르크스가 어떻게 생각했는지는 다음 장에서 자세히 살펴볼 것이다.

기술은 기술교육을 낳는다

대공업에서는 노동자로부터 생산 능력의 박탈을 가능하게 하는 지식의 양식이 생겨난다. 그것이 바로 기술이다.

근대 이전에는 생산에 관한 지식이나 기술은, 그 생업을 영위하는 일부 사람들에게 독점되어 있었다. 즉, 비전(秘傳)의 기능을 세습으로 전하고 있던 길드에 전형적인 것처럼, 생산에 관한 지식은 특정의 인격과 결합되어 있었다. 그것은, 한편으로는 생산에 관한 지식이 일부 사람에게 독점되어, 사회로부터 숨겨져 있다는 것을 의미했지만, 다른 한편으로는 생산에 관한 지식이 노동자에게 전유되어 노동자에 적대하는 일이 없도록 제어되고 있었음을 의미했다. 예를 들어, 길드의 직인들은 앞다퉈 새로운 생산방법을 도입하는 것을 금지해 자신들의 생활을 불안정하게 하는 경쟁이 일어나는 것을 막고 있었다.

그런데 대공업은 기술이라는 새로운 지식의 양식을 낳아, 생산에 관한 지식과 노동자 간의 연결을 절단했다.

대공업에서는 지금까지 노동자들이 갖고 있던 지식이나 기술이 노동자로부터 분리되어, 기술이라는 근대 과학으로 체계화된다. 그리고 기술은 실제 생산자를 고려하지 않고 생산방법을 변혁하여, 오히려 이 새로운 생산방법에 생산자의 행위를 적응시키려고 한다.

하지만 대공업은 노동자를 지식이나 기술에서 떼어내려고 하는 것만은 아니다. 대공업은 기술에 의한 생산방법의 끊임없는 변혁이 특징이므로, 항상 변화하는 생산방법에 대응할 수 있는, 보다 일반적인 지식이나 기술을 가진 노동자를 필요로 한다. 그래서 국가에 의한 기술교육이나 직업교육이 행해진다.

그러나 자본주의 사회에서 공교육에 의한 기술교육 및 직업교육은 지극히 불충분하게밖에 실현되지 않는다. 왜냐하면 자본주의적 생산은 노동자를 종속시키는 것에 의해 성립하므로, 노동자에게 전면적인 생산능력을 줄 수 없기 때문이다.

그럼에도 불구하고, 마르크스는 **대공업이 요구하는 직업교육 및 기술교육은 변혁의 효소가 된다**고 생각했다. 왜냐하면 그것은 불충분해도 철저히 생산능력을 빼앗긴 임금노동자들이 다시 지식과 기술을 되찾기 위한 거점이 될 수 있기 때문이다. 즉, 마르크스는 노동자들의 사회적 및 정치적 역량의 증대와 함께 직업교육 및 기술교육을 충실

자본주의를 보는 방식을 바꾸다

하게 함으로써, 노동자 측이 지식을 되찾고 자본 아래로의
노동의 실질적 포섭에 대항해 나갈 수 있다고 생각했다.

『자본론』의 시각 ④ ─ 자본축적과 소유

소유란 무엇인가

소유란 무엇인가. 소유는 갖고 있다라는 것과 같지 않다. 예를 들어, 당신이 옆에 앉아 있는 사람에게 아무 말도 하지 않고 그의 펜을 집어 들었다고 해도, 당신이 그 펜을 소유하고 있는 것은 아니다.

왜 그럴까. 그것은 가지고 있는 것을 다른 사람에게 승인받지 못했기 때문이다. 가지고 있는 것을 다른 사람들이 인정할 때, 비로소 그것은 소유가 된다. 즉, **소유란 승인된 점유**이다.

하지만 소유를 성립시키는 승인의 존재방식이 모든 시대에 걸쳐 같았던 것은 아니다. 마르크스가 『경제학비판요강』에서 자세히 서술했듯이, 전근대 사회에서 소유는 기본적으로 인격적 관계에 기초하고 있었다.

예를 들어, 봉건 영주의 토지 소유권은 그의 봉건 영주로서의 신분에 근거하고 있었고, 길드 장인의 생산 용구의 소유권은 그의 장인으로서의 지위에 근거하고 있었다. 혹은 더 오래된 공동체 사회에서는, 사람들은 공동체의 일

자본주의를 보는 방식을 바꾸다

원임으로써 소유를 인정받았다. 고대 로마의 시민들은, 그가 로마 공동체에 속해 있기 때문에, 로마 토지의 사적 소유를 인정받고 있었다.

그런데 자본주의 사회에서는, 소유는 전혀 다른 원리로 성립된다. 거기서는 상품이나 화폐라고 하는 물상의 힘이 소유를 성립시키는 것이다.

사적 생산자가 교환을 통해 화폐를 소유할 수 있었던 것은, 그의 생산물이 가치를 가지고 있었기 때문이고, 그 상품의 구매자가 그것을 소유할 수 있었던 것은, 그가 화폐를 가지고 있었기 때문이다. 즉, 공동체적인 인격적 유대가 상실된 자본주의 사회에서는, 사람들은 인격적 관계에 의해서가 아니라 물상의 힘에 의존해 서로를 소유자로 승인하는 것이다.

하지만 이 승인은 어디까지나 상품이나 화폐의 소유자의 자유 의사에 기초한 상호 승인이라고 하는 형태로 이루어지는 것이기 때문에, 정당한 것으로 통용된다. 예를 들어, 상품의 판매자가 전혀 모르는 사람이라고 해도, 내가 가격표에 표시된 화폐를 지불하기만 하면, 판매자는 그 상품에 대한 나의 소유권을 인정하는 것이다. 또한 이 소유권은 사회적으로도 정당한 것으로 인정된다.

거꾸로 어떤 사람이 아무리 가난하고 고생해도, 그 사람이 어떤 상품을 팔아 화폐를 손에 넣고 지불하지 않으면,

그 사람은 상품에 대한 소유권을 인정받지 못할 것이다. 또 그것은 사회적으로도 부당한 것으로 간주되지 않는다.

따라서 상품생산이 전면화된 사회에서는, 물상의 힘에 기초한 상호 승인이 소유의 정당성의 사회적 기준이 된다. 여기서 더 나아가, 시장에서 사람들은 상품이나 화폐 소지자로서 자유롭게 행동하고 자유 의사에 따라 계약을 맺으니, 시장에서의 경쟁이야말로 자유롭고 평등하며, 거기서 인정된 소유야말로 정당하다는 관념이 생긴다. 이것은 '물상의 인격화'에서 본, '호모 이코노미쿠스'의 환상이다.

예를 들어, 현재 일본의 생활보호 수급자나 공무원에 대한 심한 공격이나 자기 책임론은, 이러한 물상화된 정당성 관념에 의거하고 있다고 말할 수 있다. 전자는 시장의 경쟁을 매개로 하지 않는 소유에 대한 비난이며, 후자는 시장의 경쟁을 매개로 한 무소유의 정당화이다.

마르크스는 이상과 같은, 물상에 근거하는 근대적인 소유권의 존재방식을 '상품생산의 소유권'이라고 불렀다.

자본축적과 격차 확대

물상의 힘에 기초한 근대적인 소유권, 즉 '상품생산의 소유권'은 타인 노동을 취득할 수 있는 권리로 전화한다. 왜냐하면 물상 소지자가 서로의 물상을 욕구하여, 매매계약을 맺을 경우에는 물상의 등가성만이 문제가 되기 때문이다.

노동력을 원하는 자본가와, 살기 위해 화폐를 원하는 임금노동자가 있다고 하자. 자본가와 임금노동자는 서로의 욕구에 따라 교환관계에 들어간다. 가령, 하루 노동력의 가치가 1만 엔이라고 하면, 자본가는 1만 엔의 화폐를 지불하고 노동력을 산다. 노동자는 노동력을 팔아 1만 엔을 받는다. 이 경우, 양자는 서로 자신의 의지에 따라 교환하고, 또한 동등한 가치를 가진 물상끼리 교환했다. 그러므로 '상품생산의 소유권'에 따르면, 완전히 정당하다.

그러나 그 결과는 어떨까. 자본가는 임금노동자에게 구입한 노동력을 소비하고, 타인의 노동의 성과를 챙길 수 있었다. 노동력이 하루에 만들어 낼 수 있는 가치의 화폐표현이 2만 엔이라고 하면, 그는 지금 2만 엔의 가치를 취득하고 1만 엔의 잉여가치를 챙겼다. 한편, 임금노동자는 자신의 노동의 성과를 얻을 수 없다. 받은 임금으로 자신의 노동력의 재생산을 충당할 수 있을 뿐이다.

어떻게 이런 일이 가능할까. 그것은 근대적 소유가 물상의 힘에 의해 성립되었기 때문이다. 소유하고 있는 상품의 사용에 의해 어떤 결과가 초래되든 그 소유가 자유로운 등가교환에 근거하는 한, 그것은 정당한 것이라고 여겨진다.

그러므로 자본가와 임금노동자의 등가교환에 있어서, '상품생산의 소유권'은 타인 노동을 취득하는 권리로 전화된다. 즉 물상화된 관계가 필연적으로 낳는 근대적 소유의 원칙에 따르는 한, 자본가는 아무런 정당성도 잃지 않고 타인 노동을 착취해 취득하는 것이 가능한 것이다.

그뿐만이 아니다. 자본가는 끊임없이 다른 자본가와의 경쟁에 노출되어 있어, 사용할 수 있는 자본의 양을 확대해 경쟁에서 이겨야 한다. 그러므로 자본가는 잉여가치의 일부를 자신이 소비하지 않고 자본으로 사용한다.

이처럼 잉여가치를 자본으로 전화하는 것을 **자본축적**이라고 한다. 자본가는 자본축적을 함으로써 더 많은 타인 노동을 착취해, 더 많은 잉여가치를 얻을 수 있게 된다. 그리고 한층 더 자본축적을 추진해, 더 많은 잉여가치를 얻으려 한다. 이렇게 해서 부가 부를 낳고, 자본은 더욱 증가한다. 하지만 임금노동자에게는 노동력의 재생산비만 지급되기 때문에, 무소유의 상태에서 벗어날 수 없다.

이와 같이 자본주의 사회에서 자본가와 임금노동자의 경제 격차의 확대는 필연적 경향이다. 이러한 격차 확대는, 1950년대부터 60년대에 걸친 고도성장에 의해 부정되는 것처럼 보였지만, 그것은 이른바 예외적인 현상이며, 70년대 이후 다시 경제 격차가 확대되고 있음을 다양한 데이터가 보여주고 있다. 최근 화제를 모았던 토마 피케티의

『21세기 자본』도 마르크스와는 다른 이론적 입장이기는 하지만, 방대한 통계 데이터를 이용해 이 사실을 확인하고 있다.

상대적 과잉 인구는 사람들에게 임금노동을 더욱 강제한다

자본축적이 진행되면서 실업이 항시적으로 발생하고, 임금노동자들의 노동조건이나 생활 환경은 더욱 악화된다. 이하, 그 과정에 대해 간략하게 살펴보자.

자본축적의 진행과 함께, 자본은 그 구성을 변화시킨다. 우선 분명한 것은 생산력의 상승에 의해 생산수단의 물량이 그것을 사용하는 노동자의 수에 비해 증가한다는 것이다. 이에 대응해, 가변자본의 가치에 대한 불변자본의 가치의 비율도 증가한다.

물론 생산력 증가는, 가변자본뿐만 아니라 불변자본의 가치도 감소시키기 때문에, 생산수단의 물량 증가와 똑같은 만큼 불변자본 가치의 크기가 증가하는 것은 아니다. 그러나 전체적인 경향은 역시, 물량 증가에 대응하여 불변자본의 가치가 증가해, 가변자본의 가치에 대한 불변자본 가치의 비율이 증가한다. 이와 같이 기술적인 변화에 대응하여, 가변자본 가치에 대한 불변자본 가치의 비율이 증가하는 것을 **자본의 유기적 구성의 고도화**라고 부른다.

우선, 자본의 유기적 구성의 고도화 없이 자본축적이 진행되는 경우를 생각해 보자.

자본축적이 진행되면 그만큼 가변자본도 증가한다. 따라서 노동력 상품에 대한 수요가 증가해, 노동력 상품의 가격, 즉 임금이 상승한다. 하지만 임금상승은 언제까지나 계속될 수 없다. 임금이 너무 높아지면, 투하된 자본에 걸맞는 충분한 잉여가치를 획득할 수 없기 때문이다. 따라서 노동력의 가격이 어느 지점에 도달하면 자본축적이 쇠퇴한다. 그러면 노동력 상품들에 대한 수요가 줄어 임금이 하락한다. 자본은 노동력을 잉여가치 취득을 위한 수단으로 구매하는 것이니, 그것을 위협할 정도로 임금이 상승하는 것은 있을 수 없다.

다음으로, 자본구성이 고도화되면서 자본축적이 진행되는 경우를 생각해 보자. 자본축적은 생산력의 발전을 수반하므로, 이것이 통상의 자본축적의 사례라고 할 수 있다.

이 경우 자본축적과 함께, 불변자본에 대한 가변자본의 비율은 감소한다. 자본축적에 의해 증가하는 노동자의 수는, 가변자본 비율의 감소에 의해 상쇄된다. 자본구성의 고도화를 수반하는 자본축적의 진행에 있어서는, 노동력에 대한 수요는 절대적으로 증가하는 것은 있을 수 있어도, 상대적으로는 끊임없이 감소하지 않을 수 없다.

자본주의를 보는 방식을 바꾸다

자본축적과 함께 끊임없이 진행되는, 이러한 가변자본 부분의 상대적 감소는, 자본의 가치증식에 있어서 불필요한 **상대적 과잉인구**를 낳지 않을 수 없다. 왜냐하면 자본축적의 진행으로 만들어진 노동자 인구를, 자본의 유기적 구성이 점점 고도화되고 있는 자본이 흡수할 수 없게 되기 때문이다. 여기에서 '상대적'이라는 것은, 단순히 인구가 과잉이라는 것이 아니라, 자본의 가치증식에 대해 과잉이라는 의미이다.

　　이렇게 자본주의 사회에서는 일할 의지를 가지고 있어도 일할 수 없는 실업자가 항시적으로 발생한다. 이것은 자본주의 이전의 사회에서는 있을 수 없는 일이었다.

　　이러한 상대적 과잉인구는 자본에게 불가결한 존재이며, 노동자들에 대한 자본의 지배를 더욱 강화한다.

　　우선, 상대적 과잉인구는 자본에 대해 '산업예비군'을 이루고, 자본이 더욱더 자본축적을 추진하려고 할 때 노동력 풀로서 중요한 의미를 갖는다. 산업예비군이 대량으로 존재하면, 자본은 대규모 생산 확대를 임금의 급등 없이 행할 수 있다.

　　또한 상대적 과잉인구의 존재는 임금노동자들에 대한 자본의 입장을 더욱 유리하게 한다. 왜냐하면 실직한 상대적 과잉인구가 대량으로 존재한다는 것은, 지금 일하고 있는 노동자의 경쟁자가 대량으로 존재하는 것과 다름없기 때문이다. 실직자는 지금 일하고 있는 노동자보다 열악한 조건이라도 어쨌든 취직을 원할 것이다. 또 지금 일하고 있는 사람은 실직하지 않도록, 더 낮은 임금으로 더 긴 노동 시간, 더 높은 강도의 노동을 자발적으로 수행하도록 강제되는 것이다.

이렇게 노동조건은 전반적으로 악화되고 노동자들에 대한 자본의 지배는 강화된다. 이것은 '반실업'이라고도 할 수 있는 비정규 고용이 증가하는 현대 일본에서, 이른바 '블랙 기업'이 만연하고 있는 것에서도 나타난다.

따라서 이러한 자본의 지배 강화에 맞서기 위해서는, 실업자의 생활 보장이 결정적으로 중요한 의미를 갖는다는 것을 알 수 있다. 실제로 직인들을 중심으로 한 19세기 크래프트 유니온은 스스로 공제조합을 만들어, 실업자의 생활을 보장하고 자신들의 근로조건 악화를 막았다. 이 기능이 현대에 계승된 것이 고용보험이라고 할 수 있다. 따라서 고용보험이 기능 부전에 빠져 있는 현대 일본에서 임금노동자는 그만큼 취약한 입장에 놓여 있다.

『자본론』의 시각 ⑤ ― 공황은 왜 일어나나

자본주의는 공황을 피할 수 없다

자본주의적 생산양식이 낳는 모순은, 빈곤이나 격차, 혹은 노동문제만이 아니다. 자본주의는 주기적으로 경제공황을 낳아 사회적 재생산에 어려움을 초래해 왔다.

경제공황이란, 전반적인 과잉생산에 빠져 생산활동이 감퇴하면서 생산수단과 노동력의 수요가 떨어지고, 그로 인한 노동자의 대량 실업이 수요의 추가적 수축을 가져오는 현상이다. 『자본론』은 이러한 공황이라는 현상을 해명하는 데에도 강력한 이론적 무기가 된다.

이제부터는, 마르크스가 완성한 『자본론』 제1권에 머무르지 않고, 미완성으로 끝난 제2권(후에 엥겔스의 편집에서는 제2권과 제3권)을 위한 초고도 참조하면서, 이 공황의 문제에 대해 살펴보자.

왜 공황이 일어날까

왜 공황이 일어날까. 자본주의 이외의 사회에서는 경

제공황이 발생하지 않는다. 이미 본 바와 같이, 자본주의 이전의 경제시스템에서는, 노동의 사회적 배분이나 생산물의 사회적 분배의 문제를 전통이나 관습, 혹은 공동체의 결정에 의해 해결할 수 있기 때문이다. 그러한 사회에서는 사회의 필요를 초과해서 생산물을 지나치게 많이 생산하는 현상은 거의 일어나지 않으며, 더구나 그로 인해 실업이나 빈곤이 발생하지도 않는다.

그런데 자본주의라는 경제시스템에서는 생산은 사적 생산자들의 개인적 이해에 의해 사적으로 이루어진다. 생산이 직접 사회적으로 통제되지 않고 무정부적으로 행해진다면 분명 공황은 발생할 수 있을 것이다.

하지만 그것만으로는 공황이 일어난다고는 말할 수 없다. 자본주의 사회에서 노동 배분이나 생산물 분배의 문제는 시장 메커니즘을 통해 간접적으로 해결되고 있기 때문이다.

그렇다면 이러한 시장 메커니즘의 자기조정적 성격에도 불구하고, 어떻게 공황이 발생할 수 있는 것일까. 이것을 생각하는 데 중요한 것이, 상품의 가치 표현에 있어서 불가결한 화폐의 존재이다. 마르크스에 따르면, "공황은 화폐 유통 없이는 일어날 수 없다."(『경제학비판』)

마르크스 시대 경제학자의 대부분은 장 바티스트 세가 정식화한 '세의 법칙'에 큰 영향을 받고 있었다. 이 법칙

자본주의를 보는 방식을 바꾸다

에 따르면 공급은 그만큼의 수요를 낳는다. 왜냐하면 원래 생산자가 그 상품을 생산한 것은 자신이 필요한 상품을 손에 넣기 위한 것이기 때문이다. 이 논리에 따르면 공급이 많다는 것은 그만큼 수요가 많다는 것을 의미한다. 그러므로 개별 상품이 우연적으로 수요보다 과잉 생산될 수는 있어도, 사회 전체에서 과잉 생산이 일어나는 것은 있을 수 없다고 생각되었다.

마르크스는 세의 법칙을 철저히 비판했다. 마르크스에 따르면, 그런 '어리석은 이론'에 빠져 버린 것은 화폐의 성격을 오해하고 있기 때문이다.

세의 법칙에 영향받은 경제학자들은, 화폐는 상품교환을 편리하게 하는 도구에 지나지 않는다고 생각했다. 예를 들어 밀 소지자가 철을 손에 넣으려고 할 때, 물물교환에서는 밀 소지자가 철을 원하고, 철 소지자가 밀을 원하는 지극히 우연적인 경우에만 교환이 성립된다. 그래서 더 원활하게 교환하기 위한 수단으로 화폐가 도입되었다고 생각했다. 이 사고방식에 따르면, 화폐는 단지 물물교환을 원활하게 하기 위한 수단에 지나지 않으므로, 상품교환을 교란시키는 일은 전혀 없다. 그들은 상품유통을 사실상 물물교환과 동일시하고, 어떤 상품의 판매는 다른 상품의 구매와 같다고 생각했다.

그러나 화폐는 단순히 상품교환을 편리하게 하기 위

한 도구가 아니다. 왜냐하면 화폐는 상품의 가치 표현에 있어 불가결하며, **모든 상품에 대한 직접적인 교환 가능성이라는 힘을 독점하고 있는 특별한 물상**이기 때문이다.

분명히 화폐에 의해 상품교환이 편리해지고, 그것이 더욱 발전해 가는 것은 사실이다. 그러나 화폐는 단지 교환을 원활하게 하는 것만이 아니다. 그것이 갖는 특별한 힘에 의해 새로운 모순을 만들어 낸다. 그것은 상품끼리의 교환을, **판매와 구매로 분열시켜 버린다**는 것이다. 누구나 화폐를 가지고 있으면 구매할 수 있지만, 상품을 가지고 있다고 해서 그것을 판매할 수 있는 것은 아니다. 마르크스가 말한 대로, 상품이 화폐로 되는 것은 '목숨을 건 비약'이다.

상품교환이 판매와 구매로 분열하면, 이제 '어떤 상품의 판매 = 다른 상품의 구매'라는 세이 법칙의 상정은 성립되지 않는다. 왜냐하면 자기 상품의 판매는, 그 판매로 취득한 화폐로 다른 상품을 구매함 없이도 행해질 수 있기 때문이다. 이러한 상품교환의 판매와 구매라는 대립적인 행위로의 분열이 공황의 가능성을 낳는 것이다.

어떤 상품이 판매 가능한지의 여부는 그 상품을 구매하려는 사람이 있는지 여부에 달려 있다. 그러나 어떤 사람이 자신의 상품을 판매하고 화폐를 입수했다고 해도, 반드시 이 화폐를 사용해 새로운 상품을 구매할 필요는 없다. 화폐는 직접적 교환가능성을 가지고 있기 때문에, 언제든

자본주의를 보는 방식을 바꾸다

지 원할 때 사용할 수 있다. 그래서 그것이 언제 다시 유통될지는 그때그때의 사정에 따라 다르다. 우연히 시장에 자신이 원하는 상품이 존재하지 않다는 등의 이유로, 화폐를 수중에 두는 일도 일어날 수 있다.

이렇게 하여 일단 상품 유통의 흐름이 끊겨 버리면, 그것은 연쇄적으로 확산될 수도 있다. 상품이 팔리지 않기 때문에, 그 상품의 소지자가 다른 상품을 구매할 수 없게 되고, 그 상품도 또 판매할 수 없게 되는 식이다. 이 같은 판매 불능의 연쇄가 사회적으로 확대되면 공황이 된다.

물론 여기서는 아직 공황이 일어날 수 있다는 것을 일반적으로 설명하고 있을 뿐이다. 즉 **공황의 가능성**에 대해 설명한 것에 불과하다. 공황이 어떻게 현실에서 발생하는가라는 것, 즉 공황의 현실성을 설명하려면 자본축적의 운동에 대해 고려할 필요가 있다.

자본의 행동의 기준으로서의 '이윤율'

지금까지 자본가들이 얻은 이득은 잉여가치라는 개념으로 고찰해 왔다. 잉여가치는 자본가가 구매한 노동력이 만들어 낸 가치와, 자본가가 노동력 구매에 지출한 노동력의 가치와의 차액이었다.

그런데 자본가가 자본을 투하해서 얻는 이득은, 현실

에서는 노동력의 산물이 아니라, 투하 총자본의 산물로 여겨지고 있다. 왜냐하면 자본가가 현실에서 생산하려면, 자신의 자본을 노동력에 대해서뿐만 아니라 생산수단에 대해서도 투하해야 하며, 이 자신이 투하한 자본 전체에 대해서 얼마나 많은 이익을 낼 수 있는지가 문제 되기 때문이다. 이처럼 투하 총자본의 산물로 간주된 잉여가치를 **이윤**이라고 한다. 현실의 자본가에게, 잉여가치는 항상 이윤이라는 형태로 나타나는 것이다.

이제 잉여가치(Mehrwert)를 m으로 표시하며, 노동력에 투하된 자본 부분, 즉 가변자본(variables Kapital)을 v로 표시하고, 생산수단에 투하된 자본 부분, 즉 불변자본(constantes Kapital)을 c로 표시하자.

그러면, 자본이, 투하한 가변자본에 대해서 얼마나 많은 잉여가치를 얻을 수 있는지를 나타내는 잉여가치율은 m/v가 된다. 이것은 노동자를 얼마나 착취하고 있는지를 보여준다. 일반적으로 잉여가치율이 높을수록 자본가가 획득하는 이윤은 많아진다.

그러나 자본가들이 직접 관심을 갖는 것은 이 잉여가치율이 아니다. 그들이 직접 관심을 갖는 것은, 투하 총자본에 대해 얼마만큼의 잉여가치를 얻을 수 있는지를 나타내는 이윤율이며, 이것은 m/(c+v)로 표시할 수 있다. 이 이윤율이 바로 자본가의 행동 기준이 되는 것이다.

자본주의를 보는 방식을 바꾸다

예를 들어, 자본가는 어느 산업 부문에 투자할지, 자본축적을 어느 정도 행할지 등을 각 산업 부문의 이윤율을 보고 판단한다. 이처럼 이윤 극대화를 목표로 하는 자본가의 행동을 규정하는 최대 요인은 이윤율이며, 이를 고려하지 않고는 현실의 자본의 운동을 이해할 수 없다.

일반적 이윤율과 생산가격

자본가는 이윤을 극대화하기 위해 이윤율을 기준으로 행동한다. 이 자본가의 행동이 각 산업 부문의 이윤율을 균등화해, 일반적 이윤율을 성립시킨다.

만약 생산된 상품이 모두 가치대로 교환되고 있다면, 분명히 산업마다 이윤율이 다르다. 예를 들어 제철업처럼 인건비에 비해 설비투자와 원자재비에 압도적으로 많은 비용이 드는 산업에서는, 투하 총자본 $c+v$ 중, 불변자본 c가 차지하는 비중이 다른 산업보다 많아진다. 잉여가치를 생산하는 가변자본의 비율이 낮으니 이윤율 $m/c+v$는 낮아진다. 한편 서비스산업처럼 인건비가 대부분을 차지하는 산업에서는, 투하 총자본 중 가변자본이 차지하는 비중이 다른 산업보다 높아진다. 이런 산업에서는 잉여가치를 생산하는 가변자본의 비중이 높으니, 이윤율이 높아진다. 기술적 조건을 반영하는 c와 v의 가치 비율, 즉 c/v를 자본의 유기적 구성이라고 하며, 가치대로의 가격을 전제하면, 자본의 유기적 구성이 높은 산업에서는 이윤율이 낮아지고 자본의 유기적 구성이 낮은 산업에서는 이윤율이 높아진다.

그러므로 만약 어떤 산업의 상품도 가치대로의 가격에 따라 교환된다면, 사회적 총노동의 배분을 이룰 수 없을 것이다. 왜냐하면 현실에서 사회적 생산을 조직하는 자본가들은 보다 높은 이윤율을 찾아 행동하기 때문이다. 자본의 유기적 구성이 낮고 이윤율이 높은 산업에 자본이 몰리고, 자본의 유기적 구성이 높아 이윤율이 낮은 산업에는 아무도 투자를 하지 않으려 할 것이다.

그렇다면 사적 생산자가 자본가가 되어 이윤율을 기준으로 행동하게 되면, 사회적 총노동의 배분은 불가능해지는 것일까. 자본가들은 이윤율을 기준으로 행동함으로써 역시 사회적 총노동의 배분을 하는 것이다. 단, 여기에서는 산업 간 생산조건의 차이에 의해 가치법칙이 '수정'된다. 덧붙여 이하의 설명에서는 단순화를 위해서 잉여가치율을 일정하다고 가정해 두자.

자본의 유기적 구성이 높은 산업 부문에서 자본가가 사회적 수요를 채우기 위한 노동 공급을 실시할 때는, 다른 산업에 비해 보다 많은 비용이 든다. 같은 양의 노동을 공급하는 경우에도 더 많은 생산수단이 필요하기 때문이다. 앞서 살펴본 것처럼, 그런 산업부문에서 생산된 상품이 가치대로의 가격으로만 판매할 수 있다면, 이윤율은 사회의 평균적인 이윤율보다 낮고, 그런 산업에 자본가는 투자를 하지 않고 충분한 노동이 공급되지 않을 것이다. 하지만 이 경우, 이 산업의 상품이 부족해 사회적 수요를 채울 수 없게 되기 때문에, 그 상품의 가격은 가치 이상으로 상승할 것이다. 이러한 가격 상승은 자본이 평균적인 이윤율로 이윤을 취득하는 것을 가능하게 하고, 이 산업의 상품에 대한 사회적 수요를 충족시킬 수 있을 때까지 계속될 것이다. 이때, 평균적인 이윤율로 이윤의 취득을 가능하게 하는 상품 가격을 **生産價格**이라고 한다.

반대로, 자본의 유기적 구성이 낮은 산업 부문에 있어서는 다른 산업에 비해 적은 비용으로 노동을 공급할 수 있다. 그런 산업부문에서 생산된 상품이 가치대로 판매된다면 이윤율은 평균적인 이윤율보다 높고, 그런 산업에는 자본이 집중되고 과도한 노동이 공급될 것이다. 이 경우, 이 산업의 상품은 공급 과잉이 되어, 상품 가격은 가치 이하로 하락한다. 이 같은 가격 하락은 자본이 평균적인 이윤율로 이윤을 얻는 가격, 즉 생산가격에 도달해 이 상품의 공급과잉이 해소될 때까지 계속될 것이다.

이렇게 해서 이윤을 최대화하는 것을 목표로 하는 자본의 운동은, 가치를 중심으로 성립되어 있던 기존의 수급 관계를 변화시켜, 생산가격을 중심으로 한 새로운 수급 관계를 세우고, 각 생산 부문의 이윤율을 균등화한다. 이와 같이 각각의 이윤율이 균등화되어 가는 평균적인 이윤율을 **일반적 이윤율**이라고 하며, 이 일반적 이윤율에 의해 취득되는 이윤을 **평균이윤**이라고 한다. 지금까지 살펴본 것에서 명확하듯이, 일반적 이윤율은 평균적인 유기적 구성을 가진 자본의 이윤율에 의해 규정된다. 상품의 생산가격은, 그 각 상품의 생산에 자본가가 지출한 비용, 즉 비용 가격(원재료비, 기계나 도구 등 노동수단의 마모분의 비용, 노동력의 비용의 합계)과 평균이윤의 합계가 된다.

이와 같이 일반적 이윤율에의 균등화가 성립되면, 상품가격 변동의 중심점은 가치가 아니고, 생산가격이 되지만, 양적인 괴리만 일어날 뿐, 질적인 성격은 변화하지 않는다. 이미 생산가격은 양적으로는 가치와 다르지만 추상적 인간적 노동의 사회적 성격을 나타낸다는 의미에서는 같다. 그것은, 자본가들은 이윤율을 기준으로 하여 행동하는 것으로써, 사회적 총노동의 각 산업부문으로의 배분을, 가치에 의해서 성립하는 수급 관계로부터 괴리된 형태로든, 실현하기 때문이다. 즉, 생산가격 또한 사회적 총노동의 사회적 배분에 제약되고 있다는 의미에서, 가치법칙이 관철되고 있는 것이다. 이러한 관점 없이는 자본주의의 현상 형태와 사람들의 실천적 행태, 특히 생산활동과의 연관성을 밝힐 수 없다. 그렇기 때문에, 현실에서는 상품의 가

자본주의를 보는 방식을 바꾸다

격변동의 중심이 생산가격이 되는 것에도 불구하고, 자본주의적 생산양식의 내적 연관의 분석에 있어서는, 가격은 양적으로도 가치와 일치하는 것으로서 분석되어야 한다.

자본주의 사회의 이윤율은 점점 저하한다

사실 자본주의 사회에서는, 앞에서 본 일반적 이윤율이 저하하는 경향이 있다. 왜냐하면 자본주의적 생산양식 하에서는 생산력이 필연적으로 상승하지만, 이 생산력의 상승에 따라 **자본의 유기적 구성의 고도화**가 일어나기 때문이다.

이것을 수식으로 확인해 두자. 잉여가치율 m/v를 m'로 하고, 자본의 유기적 구성 c/v를 k로 하면, 이윤율 $m/(c+v)$은 $m'/(k+1)$로 쓸 수 있다. 당연히, k가 증가하면 분모가 커져 이윤율이 떨어진다.

하지만 이 식은 동시에, 이 저하가 경향적일 수밖에 없다는 것을 보여준다. 왜냐하면 생산력 상승은 상대적 잉여가치를 가져오므로, 분모뿐만 아니라 분자 m'도 상승하기 때문이다. 또한, 생산력 상승은 불변자본 c를 구성하는 상품의 가치를 낮추므로, k도 완만하게 증가할 것이다.

이와 같이, 생산력 상승은 k의 증가를 가져올 뿐만 아니라, 동시에 m'의 상승을 초래하고 c를 구성하는 상품의 가치를 저하시킴으로써, 이윤율의 저하를 막는 기능도 한다. 따라서 이윤율의 저하는, 일방적인 것이 아니라 경향적인 것이 될 수밖에 없다.

이와 같이 자본주의적 생산양식이 그 발전과 함께, 일반적 이윤율을 경향적으로 저하시키는 것을 **이윤율의 경향적 저하 법칙**이라고 한다. 개별 자본가는 스스로의 이윤을 극대화하고 경쟁에서 이기기 위해 생산력을 높이는 것이지만, 그런 개별적인 이윤을 극대화하기 위한 행동이, 결과적으로 사회 전체의 일반적 이윤율을 낮추게 되는 것이다.

이윤율의 저하가 공황을 현실화한다

이 이윤율의 경향적 저하 법칙이 중요한 것은, 그것이 자본의 축적 운동에 큰 영향을 주어 경제공황을 현실화하기 때문이다. 마르크스는 그 과정을 『자본론』 제3권의 초고에서 대체로 다음과 같이 묘사하고 있다.

마르크스에 따르면, 산업순환(이른바 '경기순환')의 기점은 '중위의 활기'이다. 이것은 공황 후 정체기를 벗어나, 새로운 산업순환이 시작되는 시기의 상태를 가리킨다. 정체기를 벗어나 중위의 활기의 상태가 되려면 새로운 시장이 개척되거나, 새로운 사용가치가 개발되거나, 신기술이 개발되거나 하는 것이 필요하다. 반대로 말하면, 이러한 조

자본주의를 보는 방식을 바꾸다

건이 충분히 갖추어지지 않으면 좀처럼 정체에서 벗어나지 못하거나, 비록 산업순환이 시작된다 해도 약한 산업순환이 되기도 한다.

중위의 활기의 국면에서는 새롭게 개발된 기술이 속속 도입되고 생산력이 높아져 자본의 유기적 구성이 고도화한다. 그러나 이 단계에서는 아직 일반적 이윤율은 저하하지 않고, 오히려 증가한다. 왜냐하면, 이 국면에서는 특별잉여가치의 획득이 활발하게 이루어지고 있으며, 새로운 시장의 개척이나 새로운 사용가치의 개발로 수요가 증가하고 있어, 상품의 시장가격이 등귀하기 때문이다.

이런 높은 이윤율에 자극되어 자본축적이 활발하게 이뤄지면서, 산업순환의 국면은 '번영기'에 들어간다. 생산수단이나 노동력들에 대한 수요가 증가함과 함께 소비수단에 대한 수요도 증가해, 자본축적은 더욱 활발하게 이루어진다. 하지만 이러한 자본축적이 활성화함으로써, 번영기의 말기에는 일반적 이윤율이 떨어지기 시작한다. 왜냐하면 신기술이 보급됨으로써 자본의 유기적 구성의 고도화가 한층 진행되는 것과 동시에, 특별잉여가치의 획득이 어렵게 되기 때문이다.

하지만, 이 국면에서는 여전히 이윤의 절대량은 증가하고 있다. 이윤율의 저하보다 빠른 속도로 자본축적이 이루어지는 한, 이윤량은 계속 증가할 수 있기 때문이다. 자본은 이윤율의 저하라는 자신에 대한 제한을, 때로는 신용 (은행 대출 등)도 이용하면서 가속적인 축적으로 돌파하려고 한다.

이렇게 산업순환은 '과잉생산기'에 돌입한다. 이 시기가 되면, 더욱 가속적 축적에 의한 생산수단의 가격이나 임금의 상승이 일어나, 이윤율은 더욱 저하한다.

분명히 사회적 수요가 왕성한 동안은, 생산수단 가격이나 임금의 급등을 상품가격 인상으로 전가하여, 이윤율의 저하를 어느 정도 막을 수 있을 것이다. 게다가 상업자본(도매 및 소매 등)의 적극적인 확대가 '가공의 수요'를 생성하고, 다른 한편으로는 거품에 의해 자산이 등귀해 자금 조달이 용이하게 된다. 과잉생산인데도 불구하고, 모든 것이 잘되어 가고 있는 것 같은 모양이 일정기간 유지된다.

하지만 지금까지의 방대한 축적으로 인한 상품공급의 증가는 팽창된 사회적 수요도 충족해, 비용가격의 상승을 상품가격에 전가하는 것을 어렵게 한다. 게다가 자본주의 사회에서 인구의 대부분을 차지하는 임금노동자는, 기본적으로 노동력의 재생산비밖에 받고 있지 않아, 설령 경기 과열하에서 임금이 상승한다고 해도, 역시 유효수요는 한정되어 있다. 상업자본이나 신용도 언제까지 과잉생산을 계속 은폐할 수는 없다.

이렇게 '과잉생산기'의 가속적 축적은, 어느 단계에서

축적에 의해 오히려 이윤량이 감소해 버리는 사태를 초래한다. 즉, 투하 자본량을 증가시킴으로써 이윤율이 급락해, 오히려 이윤량이 감소해 버린다. 마르크스는 이러한 사태를 '자본의 절대적 과잉생산'이라고 불렀다. 자본의 절대적 과잉생산의 상태가 되면, 축적이 멈춰 생산수단에 대한 수요가 급격히 감소하고, 그 부문에 고용된 노동자 다수가 실직해, 소비수단 부문의 수요도 급격히 감소한다. 이윤율은 한층 저하한다. 이렇게 해서 공황이 현실화되는 것이다.

공황은 사회적 재생산을 교란시키는 것만이 아니다. 자본에 대해, 공황은 생산을 조정해 이윤율을 회복시키는 시기이기도 하다. 왜냐하면 사회적 수요 감소에 의해, 생산수단 가격이나 임금이 급락해 생산비용이 감소하기 때문이다.

하지만 공황 후의 정체를 자동적으로 벗어날 수 있는 것은 아님은, 앞서 언급한 바와 같다. 자본은 전기의 산업순환에서 획득한 기술수준이나 시장을 기초로 하고, 또한 그것들을 발전시키는 요소를 발견함으로써, 비로소 새로운 산업순환을 시작할 수 있다. 그래서 자본은 산업순환 때마다 점점 더 큰 어려움을 겪게 된다.

이상은 산업순환의 전형적인 사례를 『자본론』 초고의 일부에 기초해 설명한 것일 뿐, 마르크스의 공황론의 전부를 설명한 것은 아니다. 물론 현실의 공황 모두를 설명한 것도 아니다.

그러나 마르크스의 공황론은, 현실의 불황이나 경제적 정체를 분석할 때 이론적 무기가 된다. 특히 중요한 것은, 그것이 근본적으로 '금융'의 문제가 아니라(물론 그것은 공황을 격화시키거나 완화시키지만) 실물경제의 문제, 즉 현실의 산업에 투하된, 운동하는 현실 자본의 문제임을 분명히 하고 있다는 것이다.

예를 들어, 일본을 비롯한 선진 자본주의 국가에서는, 자본주의가 발전하여 이윤율의 경향적 저하와 시장의 성숙이 진행되고 있다. 그렇기 때문에 자본축적이 활발하지 않고, 정체 상태를 벗어날 수 없는 것이다. 재정 투입이나 금융정책에 의해 공황을 억제하고 완화할 수 있다 해도, 이를 통해 자본축적을 활성화할 수는 없다.

만약 이런 상황에서 억지로 '경제성장'을 추구한다면, 노동시간의 연장이나 노동 강도의 강화에 의한 잉여가치율(= 착취율)의 증가, 더욱이 본래는 시장화해서는 안 되는 사회적 기초 서비스의 영역(교육, 간병, 보육, 의료)의 시장화가 강행되어, 사회적 재생산의 교란이 한층 더 발생하게 될 것이다.

자본주의를 보는 방식을 바꾸다

『자본론』의 시각 ⑥ ― 자본주의의 기원과 운명

마르크스는『자본론』제1권의 끝맺음으로 자본주의적 생산양식의 역사적 기원과 운명에 대해 논하고 있다.

마르크스 이전의 많은 경제학자들은 자본주의의 기원을 근면한 사람들의 절제와 축재에서 찾았다. 성실하게 일해 축재한 사람들이 자본가가 되어 자본주의를 낳은 것이라고.

그러나 마르크스의 말에 따르면, "현실의 역사에서는 ―잘 알려진 바와 같이―정복이나 폭정이나 강도살인이, 요컨대 폭력이 큰 역할을 했다"(『자본론』제1권). 자본주의 역시 폭력을 '조산부'로 하여, 구사회, 즉 봉건사회의 태내에서 탄생했다. 즉 토지의 사실상의 소유자이며, 거의 자급자족의 생활을 영위하고 있던 농민을 토지로부터 떼어내, 노동력밖에 팔 수 있는 것을 갖지 않은 임금노동자를 창출함으로써, 자본주의는 태어난 것이다. 이 탄생 과정을 **본원적 축적**이라고 한다.

이 과정이 세계에서 처음 전형적인 형태로 수행된 곳

이 잉글랜드이다. 점차 중요해지기 시작한 화폐 수입을 얻고자 했던 봉건영주들이, 수출 상품인 양모를 생산하기 위해 폭력을 행사해 강제로 농민을 토지에서 쫓아내고 그들의 공유지도 박탈하여, 농지를 목양지로 바꾼 것이다. 게다가 이렇게 강탈한 토지는, 더 이상 전근대적 인격적 종속관계에 기초해 소유되는 것이 아니라, 물상의 힘을 기초로 한 배타적인 형태로 소유되어, 농민들은 토지로부터 완전히 배제된다. 이른바 '인클로저'이다.

이렇게 기존의 봉건적인 공동체 질서가 해체되고 무소유의 사적 개인이 된 사람들이 무더기로 나타난다. 그들은 근대적인 규율에 익숙하지 않기 때문에, 일부러 자신이 자발적으로 노동력을 팔아, 타인의 휘하에서 가혹한 노동을 하려고 하지 않는다. 오히려 그들은 거지나 도적, 부랑자가 되었다. 그들이 임금노동에 종사하게 하기 위해서는 입법에 의한 강제가 필요했다.

> "폭력적으로 토지를 수탈당하고 추방당해 부랑자가 된 농촌 주민은, 그로테스크하고 테러리즘적 법률에 의해, 채찍과 낙인과 고문을 받으면서, 임금노동 제도에 필요한 규율을 얻었다."(『자본론』제1권)

이렇게 해서, 사적 생산자에게 고용되어 임금노동을

행할 임금노동자가 대량으로 만들어진다. 동시에, 많은 사람들이 자급자족의 생활을 파괴당해 임금노동자가 됨으로써, 상품경제가 한층 더 침투해 간다. 다른 한편에서는, 인클로저나 식민지 지배 등으로 부를 수탈한 영주들이나 성공한 부유 농민이 자본가가 된다.

이상이 본원적 축적 과정의 개관이다. 확실히 "자본은, 머리부터 발끝까지, 모든 모공으로부터 피와 오물을 흘리면서 이 세상에 태어난다"(『자본론』제1권).

그렇다면 이렇게 탄생한 자본주의적 생산양식은 어떻게 새로운 사회를 낳고 사라지는 것일까. 이 점에 대해서는 이미 자본주의적 생산양식의 분석 자체가 많은 시사점을 주고 있지만, 미래에 대해 많은 것을 말하지 않는 마르크스는 다음의 간결한 서술을 남기고 있을 뿐이다.

"소수 자본가에 의한 다수의 자본가의 수탈과 더불어, 점점 커지는 규모에서의 노동과정의 협업적 형태, 과학의 의식적인 기술적 응용, 토지의 계획적인 공동적 이용, 공동적으로만 사용될 수 있는 노동수단으로의 노동수단의 전화, 그리고 결합된 사회적인 노동의 공동적 생산수단으로서의 사용에 의한 모든 생산수단의 절약이 발전한다. 이 전화과정의 일체의 이익을 가로채고 독점하는 대자본가의 수가 끊임없이 감소함에 따라, 빈곤, 억압, 예속, 타락, 착취의 총량은 증가하지만, 또한 끊임없이 팽창하고, 자본주의적 생산과정 그 자체의 메커니즘에 의해 훈련되고 결합되고 조직되는 노동자 계급의 반항도 증가한다. 자본독점은 그것과 동시에, 또 그 아래에서 개화(開花)한 이 생산양식의 질곡이 된다. 생산수단의 집중과 노동의 사회화는, 그러한 자본주의적 외피와 상용할 수 없게 되는 지점에 도달한다. 이 외피는 분쇄된다. 자본주의적 사적 소유의 조종(弔鐘)이 울린다. 수탈자가 수탈된다."(『자본론』 제1권)

더욱이 마르크스는 자본주의의 탄생과 사멸의 과정을 다음과 같이 총괄한다.

"자본주의적 생산양식 및 취득양식, 따라서 자본주의적 사적 소유는 개인적인, 자기 노동에 기초한 사적 소유의 첫 번째 부정이다. 자본주의적 생산의 부정은, 그 자체에 의해 자연과정의 필연성을 갖고 생겨난다. 이것은 부정의 부정이다. 그것은 개인적 소유를 재건하지만, 그러나 자본주의 시대의 성과의 기초 위에서, 즉 자유로운 노동자의 협업이나 그들의 토지나 노동 그 자체에 의해 생산된 생산수단의 공동소유의 기초 위에, 개인적 소유를 재건하는 것이다."(『자본론』 제1권)

봉건제 말기에 나타난 자영 농민들은, 사실상 토지의 사적 소유자였다. 그런 의미에서 그들은 생산수단과 자유롭게 결합되어 있어서, 마치 "악기의 명수가 악기의 자유로운 소유자인" 것과 같이 "손의 숙련이나 공부의 재능이나 자유로운 개성"을 연마할 수 있었다(『자본론』 제1권 프랑스어판). 자본주의적 생산양식은 이 결합을 본원적 축적에 의해 파괴하고, 임금노동에 종사하는 무소유의 사적 개인을 창출함으로써 탄생했다.

　　그런데 이 자본주의 자체가 다시 그 자체의 메커니즘에 의해서, 임금노동자를 결합시켜, 그들의 노동의 존재 방식을 사회화해 나간다. 자본주의가 낳는 모순과 싸우기 위해 노동자의 반항도 커지고, 자유로운 결사, 즉 어소시에이션을 형성하려는 움직임도 활발해진다. 그리고 노동환경의 악화, 환경 파괴, 이윤율의 경향적 저하, 공황에 의한 사회적 재생산의 교란이 현저해지고, 자본주의에 기초한 사회의 존속이 어려울 정도까지 생산력이 증가하면, 결국 자본주의적 생산양식은 변혁되지 않을 수 없게 된다.

　　이렇게 해서 자본주의 시대의 생산력의 발전, 노동의 사회화, 그리고 자본주의에 대한 대항을 통해서 생겨난 어소시에이션의 시도를 기초로, 개인적 소유가 재건된다. 소유의 주체는 국가나 사회가 아닌, 자유로운 어소시에이트에 의해서 인격적으로 결합된 자유로운 개인들이다. 그들은 마치 전근대의 독립 자영농민이나 직인처럼, 생산수단과의 자유로운 결합을 회복한다. 이렇게 해서 사적 노동과 임금노동이라는 노동형태는 폐기되고, 따라서 자본주의적 생산양식도 폐기된다. 탄생하는 것은 자유로운 개인들의 어소시에이션에 기초한 사회이다.

자본주의를 보는 방식을 바꾸다

제3장

제3장
자본주의와 어떻게 싸울까
[1867~1883년]
– 만년의 마르크스의 물질대사의 사상

변화한 마르크스의 비전

1867년 4월 마르크스는 마침내 『자본론』제1권을 탈고했다. 이 시점에서는 제2권 부분의 원고는 아직 거친 초고였지만 (이후 마르크스는 완성의 노력을 계속했지만, 미완성 상태로 끝났다), 그래도 변혁의 비전은 이전보다 훨씬 구체적이고 현실적인 것으로 되었다. 어떤 의미에서는, 이전의 변혁 구상에 근본적인 수정이 가해졌다고 해도 좋을 것이다.

물론 이러한 변화를 야기한 것은 경제학 연구만은 아니었다. 이미 본 바와 같이, 마르크스는 1852년부터 10년 정도 『뉴욕 데일리 트리뷴』에 기고해 약간의 수입을 얻고 있었다. 마르크스는 이 활동으로 유럽 정세에 머무르지 않고, 인도나 중국, 그리고 남북전쟁 등을 글로벌 관점에서 관찰할 수 있었다. 이 경험은 이론가로서의 마르크스의 시야를 한층 더 넓히고 발전시켰다.

게다가 마르크스는 1864년에 결성된 국제노동자협회(약칭 인터내셔널)의 활동에 적극적으로 관여했다. 인터내셔널은 사상 최초의 노동자들에 의한 국제결사로, 10년 정도밖에 존속하지 않았음에도 불구하고 큰 영향력을 가졌다. 마르크스가 주도해 설립한 단체는 아니었지만, 마르크스는 규약 작성위원으로 선출돼,「창립 선언」과「잠정 규약」을 집필했고, 이후에도 인터내셔널의 대부분 공식 문서 초안을 작성했다. 활동에서 멀어졌던 마르크스는 인터내셔널의 평의원으로 복귀해, 지도적 역할을 하게 된 것이다. 또 마르크스는 통신서기로서, 독일의 노동운동에도 관여했다.

이러한 실천 활동 역시 마르크스의 이론에 큰 영향을 미쳤다. 마르크스의 변혁 구상의 발전은, 현실과의 긴장관계 속에서 이루어진 이론활동의 산물이었다.

그렇다면 마르크스의 변혁의 비전은 어떻게 변화했을까.

가장 중요한 것은, 이른바 '공황혁명론'을 철회하고, 장기적인 개량 투쟁을 중시하게 된 것이다. 제1장에서 본 바와 같이,『공산당선언』집필 당시의 마르크스는, 혁명의 궁극적 근거를 생산력과 생산관계의 모순에서 찾고, 이 모

자본주의와 어떻게 싸울까

순이 공황으로 분출할 때 혁명이 일어날 것으로 생각했다. 사실, 1848년 혁명은 공황을 계기로 발발했고 경제회복과 함께 혁명의 물결이 이어졌다. 마르크스는 1850년에 이 과정을 총괄하면서 다음과 같이 썼다. "새로운 혁명은 새로운 공황에 이어서만 일어날 수 있다. 그러나 혁명은 또한 공황이 확실한 것처럼 확실하다"(「평론, 1850년 5~10월」). 이것이 '공황혁명론'이다. 그런데 『자본론』을 다 쓴 마르크스는, 더 이상 이러한 단순한 '공황혁명론'을 펴지 않았다. 이유는 몇 가지가 있다.

우선, 다음에 발생한 1857년에서 1858년에 걸친 공황은, 지배적인 정치체제를 동요시켰지만 혁명을 일으키지는 않았다. 이 사실에 직면해 적어도 '혁명은 또한 공황이 확실한 것처럼 확실하다'라는 테제는 철회할 수밖에 없었다.

또 제2장에서 본 것처럼, 마르크스는 이론적으로도 자본주의의 위력을 더 깊이 인식하게 되었다. 『공산당선언』 무렵의 마르크스는, 자본주의가 기존의 봉건적 관계들을 파괴하고 환상적으로 인격적인 관계를 단순한 금전관계로 대체함으로써, 사람들 사이의 이해관계가 노골적으로 나타나 변혁이 쉬워질 것이라고 생각했다. 그런데 『자본론』의 마르크스는, 그런 단순한 시각을 물리치고 있다. 자본주의적 생산양식은 생산관계의 물상화에 기초하고 있으며, 오히려 인간들 사이에서 맺어진 생산관계를 물상끼리의 관계로 은폐하고, 물신숭배에 의해 사람들을 현혹시킨다. 뿐만 아니라 사람들이 매일, 물상의 인격적 담당자로서 행동함으로써, 물상의 논리, 가치의 논리가 부지불식간에 인간들의 욕망의 존재방식이나 정당성의 관념을 변화시켜 나가, 사람들은 '호모 이코노미쿠스'적 인간상을 위화감 없이 받아들이게 된다.

가령 자본주의의 발전과 함께 공황을 비롯한 다양한 모순이 격화되어 간다 해도, 다른 한편으로는 사람들을 지배하는 물상의 힘도 증가되어 사람들의 인격성까지 잠식해 가는 것이므로, 거기에 대항하는 것은 결코 쉽지 않다. 하물며 공황이 혁명을 일으킬 필연성을 단언할 수는 없다.

더욱이 마르크스는 『자본론』에서 생산력과 생산관계의 모순을 보다 포괄적으로 파악하게 되었다. 앞 장에서 본 바와 같이, 자본주의적 생산양식이 끊임없이 만들어내는 생산력과 생산관계의 모순은, 공황에 그치지 않고, 노동력 재생산의 파괴, 자연 환경의 파괴 등 다양한 현상으로 나타난다. 이처럼 공황의 위상을 상대화한 것도, 공황혁명론을 물리친 이유 중 하나였을 것이다.

개량 투쟁에 대한 높은 평가

낙관적인 공황혁명론을 철회한 마르크스는, 이전보다

도 장기간에 걸친 개량투쟁을 중시하게 되었다.

전형적인 것은, 앞 장에서도 언급한 노동시간 규제를 위한 투쟁이다. 마르크스는, 노동시간 규제에 의해 임금노동자들이 자본의 지배로부터 자유로운 시간을 확보할 수 있게 되는 것을 중시했다. 『경제학비판요강』에서 서술한 것처럼, "여가 시간이자 보다 고도의 활동을 위한 시간이기도 한 자유시간은, 그것을 가진 사람을 어떤 다른 주체로 전화하기" 때문이다.

반대로, 임금노동자가 이러한 자유시간을 확보하지 못하고 자본하에서 장시간 노동에 종사하게 되는 동안에는, 물상의 힘에 대항할 수 있는 주체를 형성하는 것은 곤란하다. 그래서 마르크스는 "그것 없이는 다른 모든 해방의 시도가 모두 실패로 끝날 수밖에 없는 선결조건은, 노동일의 제한이다"라고까지 말하며, 노동시간 규제의 중요성을 강조했다.

직업교육과 기술훈련의 중요성에 대해서도 마찬가지일 것이다. 앞 장에서 본 것처럼, 이것은 대공업의 필요에 의해 행해지는 것이지만, 그럼에도 불구하고 임금노동자들이 생산과 관련된 지식을 되찾고, 자본에 대항하는 힘을 몸에 익힌다는 의미를 가지고 있다. 노동시간 규제가 자본의 형태적 포섭에 대한 대항전략이라면, 직업교육 및 기술훈련은 자본의 실질적 포섭에 대한 대항전략으로서의 의의를 갖는다.

이러한 맥락에서 생각하면, 마르크스가 『자본론』 초고나 인터내셔널 문서에서, 이전에는 부정적이었던 협동조합 운동을 높이 평가하게 된 이유도 분명해진다.

마르크스는 결코 협동조합 운동만으로 사회를 변혁할 수 있다고 생각하지 않았다. 생산자 협동조합은 어떤 의미에서는 생산에 의한 어소시에이션이라고 할 수 있지만, 그것은 하나의 기업이며, 다른 자본과의 경쟁에 노출되어 있는 한, 여전히 사적 노동에 머물러 있기 때문이다.

그러나 협동조합 활동을 통해 노동자들이 자본의 힘에 의존하지 않고 생산을 조직하는 힘을 키우는 것은 가능하다. 그러한 한에서 협동조합 운동은 장기적으로 임금노동자들의 역량을 높일 수 있다.

마르크스는 또 이전부터 높이 평가해 온 노동조합에도, "노동조합은 자본과 노동 간의 게릴라전에서 필요하며, 임금노동과 자본 지배의 시스템 자체를 폐지하기 위한 조직적인 수단으로서 더욱 중요하다"('개별 문제에 대해서 잠정 평의회 대의원에 대한 지시')라면서 매우 높은 위치를 부여하고 있다.

마르크스가 이처럼 장기간에 걸친 개량투쟁을 중시하게 된 것은, 결코 마르크스의 견해가 '온건'해졌다는 것은 아니다. 저널리스트로서 글로벌한 시각에서 자본주의를 관찰하고, 실천가로서 자본주의의 강력함에 직면했으며, 나아가 이론가로서 자본주의적 생산양식을 보다 깊게 근본적으로 분석하게 된 결과이다. 마르크스는 사적 노동으로 수행되는 임금노동이 끊임없이 생겨나는 물상의 힘의 강력함을 심각하게 인식하게 되었기에, 자본주의적 생산양식의 근본적인 변혁을 위해서는, 장기적인 개량투쟁이 필요함을 강조하게 된 것이다.

사회변혁이 생산양식 자체의 근본적인 변혁인 한, 정치권력을 장악하는 정치혁명만으로는 충분하지 않다. 어소시에이트한 노동자들이 물상의 힘에 의존하지 않고, 자신들의 힘으로 사회를 운영할 수 있어야 한다. 마르크스는 『프랑스 내전』에서 다음과 같이 썼다.

> "노동자계급이, 자기 자신의 해방을 수행해내고, 그와 동시에 현재의 사회가 그 자신의 경제적 작용에 의해 불가항력적으로 향해 가는, 보다 고도의 형태를 만들어 내기 위해서는, 장기의 투쟁, 즉 환경과 인간을 변혁하는 일련의 역사적 과정을 헤쳐 나가야 한다."

이제 마르크스의 변혁 구상에는 한층 더 구체성, 현실성이 주어졌다. 마르크스는 특정 종파의 특수 이론에 의해 운동을 왜곡하는 것을 강하게 비판하고, 자본주의적 생산양식의 분석에서 도출되는 일반적인 지침을 제시하는 것에 그쳐, 보다 구체적인 운동방침은 실천에 맡기는 입장을 취했다. 하지만 『자본론』에서 언급한바, 어떠한 실천에 의해서 "출산의 고통을 단축하고 완화"할 수 있는지, 그 큰 틀은 제시되고 있다고 해도 좋다.

이제 노동자계급은 공황의 도래를 기다리며, 다가올 위기에 정치권력을 장악하고 급진적으로 사회변혁을 수행하는 것이 아니다. 정치혁명에 앞서 개량투쟁을 통해 어소시에이션을 형성해 물상의 힘을 억제해야 한다. 자본의 형태적 포섭과 실질적 포섭에 대항하여, 물상의 힘에 맞서는 힘, 다시 말해 물상의 힘에 의존하지 않고 사회를 운영할 수 있는 힘을 길러야 한다. 나아가 정치혁명 이후에도 어소시에이션을 형성하고 물상의 힘을 억제하는 노력을 계속해야 한다. 이러한 실천들이야말로 '출산의 고통을 단축하고 완화하기'위한 실천이다.

하지만 마르크스의 변혁 구상의 발전은 여기서 그치지 않았다. 만년의 마르크스는 『자본론』에서 전개한 이론에 기초하여, 더욱 풍부한 변혁구상을 다듬어 갔다.

어소시에이션으로서의 공산주의 사회

만년의 마르크스의 새로운 변혁 구상에 관한 이야기

를 하기 전에, 마르크스의 미래사회론에 대해 간단히 언급해 두자.

마르크스가 주창한 사회주의의 교과서적 이해는 공산주의자가 집권한 국가가 생산수단을 국유화하고 계획경제를 실시해 평등한 분배를 실현하는 것이다. 또한 이러한 이해를 바탕으로 "사회주의에서는 국가가 비대해지고, 관료주의와 경제적 비효율이 만연하며, 민주주의가 억압된다. 그래서 소련은 붕괴한 것이다"라는 식으로 사회주의를 비판하는 것이 일반적이다.

그러나 이러한 '사회주의'는 마르크스가 포스트 자본주의 사회로 전망한 사회주의와는 전혀 다른 것이다.

첫째, 사회주의는, 어떤 그룹이나 정당이 정권을 잡아, '생산수단의 국유화'를 선언함으로써 실현할 수 있는 것은 아니다. 어떤 생산양식의 변혁이든 인류사적인 사업이며, 특정 개인이나 그룹의 자의에 의해 실현할 수 있는 것은 아니다. 사회주의 사회의 실현에 있어서도, 역사적 과정을 전제로 한 객체적 및 주체적 여러 조건의 성숙이 필요하다.

둘째, 생산수단을 국유화하고 계획경제를 행하는 것만으로는, 자본주의적 생산양식을 폐기할 수 없다. 앞 장에서 본 바와 같이, 생산양식의 존재방식을 근본적으로 규정하는 것은 노동의 존재방식이다. 인간들이 사적 개인으로 분열된 채로 있는 한, 아무리 생산수단을 국유화하더라도 생산의 사적 성격은 근본적으로 변화될 수 없고, 상품이나 화폐도 근절되지 않는다. 또한 생산수단을 국유화한 것만으로는, 단지 자본의 담당자가 사적 개인으로부터 국가 관료로 이행할 뿐, 거기서 일하는 노동자가 임금노동자인 것에는 변함이 없다.

이것은 예전에 생산수단을 국유화하고 계획경제를 실시한 소련을 보면 명확할 것이다. 요컨대, 생산수단의 국유화와 계획경제는 기껏해야 자본주의의 변형된 버전을 만들어낼 뿐이다.

생산양식을 변혁하기 위해서는 노동의 존재방식을 바꾸는 것이 관건이다. 사적 노동을 어소시에이트한 자유로운 노동자들의 공동노동으로 변혁하고, 생산수단으로부터 분리된 임금노동을 생산수단과 생산자의 본원적 통일하에서의 노동으로 변혁해야 한다. 이것을 실현하는 것이야말로 노동자들의 어소시에이션이었다. 마르크스는 『프랑스 내전』에서 다음과 같이 썼다.

"만약 협동조합적 생산이 기만과 덫에 그쳐서는 안 된다면, 만약 그것이 자본주의 시스템을 대체해야 할 것이라고 한다면, 만약 협동조합의 연합체가 하나의 공동계획에 기초하여 전국의 생산을 조정하고, 이렇게 그것을 자신의 통제하에

두고, 자본주의적 생산의 숙명인 끊임없는 무정부 상태와 주기적 경련을 종식시킬 수 있다면—여러분, 그것이야말로 공산주의, '가능한' 공산주의가 아니고 무엇이겠습니까?"

여기에 단적으로 나타나 있듯이, 마르크스에게 '가능한' 공산주의란 국가에 의한 계획경제 등이 아니라, 노동자들의 어소시에이션인 협동조합이 서로 연합해, 사회적 생산을 조정하는 그런 시스템이었다.

이러한 시스템에서는 어소시에이트한 생산자들이 자신들의 의사에 따라 노동배분과 생산물 분배를 실시하고, 생산을 조정하고 있기 때문에, 상품이나 화폐가 존재할 필요는 없다. 또한 어소시에이트한 생산자들이 어소시에이트한 개인으로서 생산수단의 개인적 소유를 실현하고 있으므로, 타인 노동의 착취도 존재할 수 없다. 바로 "각자의 발전이 만인의 발전을 위한 하나의 조건이 되는 어소시에이션"(『공산당선언』)이 실현되는 것이다.

또한, 제1장에서 본 바와 같이, 어소시에이션에 기초한 사회에서는 근대 국가도 해체된다. 사회에 우뚝 선 통치기구인 관료제와 이 통치기구의 지배를 정당화하는 입법부는 해체되고, 사회의 정치적 기능의 담당자가 선거에 의해 선출되고 리콜되는 직접민주주의적인 통치기구로 변모한다. 폭력의 독점적인 담당자인 상비군도 해체되고 민병제로 치환된다. 현대에서는 민병제에 대해 현실감을 느끼는 것은 어렵겠지만, 요컨대 매우 강고한 시민적 통제가 실현되는 사회라고 보면 된다.

마르크스는 이러한 근대 국가 해체에 대한 구체적인 이미지를 파리 코뮌에서 포착했다. 파리 코뮌은 1871년 3월 18일부터 5월 28일까지 파리에서 성립한 노동자와 민중에 의한 자치정부이다. 코뮌은 프로이센·프랑스 전쟁의 강화(講和)를 둘러싸고 프랑스 임시 정부와 대립하고 있었고, 또한 프로이센 군대에게 파리가 포위당한 상황에서, 인터내셔널에 지원을 호소했다. 이때 마르크스가 인터내셔널의 '호소'로 집필한 것이 『프랑스 내전』이다. 마르크스는 이 책에서, 파리에서 봉기한 활동가와 노동자들의 시도 속에서 적극적인 요소들을 포착해, 근대 국가의 해체를 향한 전망을 그려냈다.

또한 만년의 마르크스는 독일 사회민주노동자당 강령을 비판한 『고타 강령 비판』에서 공산주의 사회, 즉 어소시에이션 사회의 두 단계에 대해 말하고 있다.

마르크스에 따르면, 어소시에이션 사회도 갓 태어날 무렵에는 아직도 그 모태인 부르주아 사회의 '모반'을 띠고 있다. 이제 노동은 화폐를 얻어야 하기 때문에 강제적으로 하는 것이 아니라, 자유로운 개인이 자신의 의사로 하는 것이지만, 그럼에도 여전히 '부르주아적 권리' 의식이 잔존하

자본주의와 어떻게 싸울까

고 있어, 노동에 걸맞은 보수가 없으면 사람들은 노동하려 하지 않는다. 그래서 이런 '공산주의의 낮은 단계'에서는, 사람들이 자신의 노동량에 따라 생산물을 수취하는 형태로 사회적 생산이 조직되어야 한다.

그러나, 어소시에이션 사회는 곧 이 한계를 극복해 간다.

> "공산주의 사회의 더 높은 단계에서는, 즉 개인이 분업에 노예적으로 종속되는 일이 없어지고, 이와 함께 정신노동과 육체노동의 대립이 사라진 후, 노동이 단지 생활을 위한 수단일 뿐만 아니라 노동 그 자체가 제일의 생명 욕구가 된 후, 개인의 전면적인 발전과 함께, 또 그 생산력도 증가되어, 협동적 부의 모든 샘이 더욱 풍부하게 용솟음쳐 오르게 된 후, 그 때 비로소 부르주아적 권리의 좁은 시야를 완전히 뛰어넘을 수 있으며, 사회는 그 깃발에 이렇게 쓸 수 있다. 각자는 그 능력에 따라, 각자는 그 필요에 따라!"(『고타 강령 비판』)

노동이 생활을 위한 양식을 얻기 위해 어쩔 수 없이 행하는 것이 아니고, 그 자체가 인간에게 기쁨이 되었을 때, 이제 사회는 어떤 보수를 제공함으로써 노동에 동기를 부여하고 조직할 필요가 없어진다. 이때, 사람들이 자유롭게 노동해, 생산물을 각자의 필요에 따라 입수하는 사회가 실현된다. 이것이 마르크스의 미래사회론이었다.

관건이 된 '물질대사' 개념

그러면, 이상과 같은 미래 사회를 전망하기 위해, 만년의 마르크스는 어떻게 스스로의 변혁구상을 단련해 갔을까. 사실, 만년의 마르크스의 변혁구상의 발전을 이해하기 위한 관건이 되는 것이 '물질대사'라는 개념이다.

지금은 생명체와 자연환경 사이의 상호작용을 나타내는 개념으로는 '생태학'이라는 용어가 사용되는 경우가 많다. 이 용어는 에른스트 헤켈이라는 생물학자에 의해 1866년에 만들어진 개념이지만, 그 이전부터 화학자나 생리학자들은 다른 개념으로 유사한 사태를 파악하고 있었다. 그것이 물질대사라는 개념이다.

이 개념은 19세기 초부터 사용하기 시작했는데, 농화학자로 유명한 유스투스 폰 리비히에 의해 사용됨으로써 보급되어, 다른 학문 분야에도 영향을 주었다. 생리학에서 유기체의 순환적인 생명활동을 나타내는 물질대사라는 말은 생산과 분배, 그리고 소비라는 순환적이고 유기적인 인간활동을 다루는 경제학에서도 사용되었다.

마르크스 역시 이 물질대사라는 개념에 영향을 받은

한 사람이다. 1851년 마르크스는 친구인 의사 롤랜드 다니엘스와의 교류 중, 물질대사라는 개념에 주목하게 되었다. 마르크스는 물질대사 개념을 자신의 경제학 연구에 도입하면서, 물질대사 개념을 이용해 생리학을 전개하던 리비히의 연구에 주목했고, 이후 여러 차례 리비히 저작 연구에 몰두했다.

마르크스는 당초 유기체의 순환적인 생명활동을 설명하는 개념이었던 물질대사를, 하나의 유기체로서의 경제사회의 순환활동을 설명하기 위한 비유로 사용했다.

그러나 마르크스는 점차 인간과 자연의 물질적 순환이라는 의미에서도 이 개념을 사용하게 되었다. 특히 경제학 연구의 심화를 통해, 물상화론적 문제설정을 확립한 1860년대에는, 자본주의적 생산양식에 의한 인간과 자연의 물질적 순환의 교란에 주목하게 되어, 이 맥락에 물질대사 개념을 이용하는 경우가 많아졌다. 마르크스는 이제 생태적 관점에서 물질대사 개념에 더욱 주목하게 되었다.

이때, 마르크스에 고찰의 재료를 제공한 것이 리비히의『화학의 농업 및 생리학에의 응용』이라는 책이었다. 리비히에 따르면, 농업이 적절히 영위되려면 "현상은 그것을 위한 여러 조건이 회귀해 동일한 상태를 유지하는 경우에 영속한다"는 '보충의 법칙'을 고려해야 한다. 구체적으로는, 수확으로 인해 토지로부터 빼앗긴 영양소를 보충하는 것이 필요하며, 이를 위해서는 토양에서 식물로 흡수되고, 또한 동물에 의해 섭취된 영양소가 식물·동물의 부패·분해 과정을 거쳐 대지로 돌아가는 물질대사가 이루어져야 한다.

그런데 당시 잉글랜드에서는, 농촌에서 생산된 농산물의 대부분이 런던 등 대도시에서 소비되고 있었기 때문에, 토양의 성분이 다시 대지로 돌아오지 않는 사태가 발생했다. 또 단기적인 이익 추구를 위해 휴경을 게을리하고 연작하는 일도 있었다. 농업에 필수적인 정상적인 물질대사가 교란되어, 토지가 피폐해져 버린 것이다. 이 토지의 피폐를 보충하기 위해, 남미에서 비료인 구아노(새똥 등이 화석화된 것)를 대량으로 수입하면서 구아노가 고갈되어 버릴 정도였다. 리비히는 이런 약탈적인 농업의 방식을, 농화학의 입장에서 혹독하게 비판했다.

마르크스는 이러한 리비히의 견해를 높이 평가하고, 『자본론』 제1권에서 "자연과학적 견지에서 근대적 농업의 소극적 측면의 전개는, 리비히의 불멸의 공적 중 하나이다" 라고 말했다. 실제로 리비히의 약탈농업 비판은, 세계화 속에서 농작물의 무역자유화가 진행되는 현재에도 타당한 현실성을 갖고 있다.

'인간은 자연의 일부이다'라는 대전제

하지만 마르크스는 협의의 생태 문제의 맥락에서만 물질대사 개념을 사용한 것은 아니다. 앞 장에서는 논하지 않았지만, 실은 물질대사론은 『자본론』 전체를 관통하는 기본 시각이라고 해도 과언이 아니다.

예를 들어, 마르크스는 『자본론』 제1권에서 노동을 다음과 같이 정의하고 있다.

> "노동은, 우선 인간과 자연 사이의 한 과정, 즉 인간이 자연과의 그 물질대사를 자신의 행위에 의해 매개하고, 규제하고, 제어하는 한 과정이다."

마르크스가 노동에 대해 생각할 때의 대전제는, 인간이 자연의 일부라는 것이다.

인간은 유기체의 일종으로, 다른 모든 유기체와 마찬가지로 끊임없이 자연과 상호작용함으로써만 살 수 있다. 인간은 호흡하고, 산소를 받아들이고, 이산화탄소를 배출한다. 음식이나 물을 섭취하여 분뇨로 배설한다. 한편, 자연 측도 배출된 이산화탄소를 식물의 광합성을 통해 산소로 변환한다. 또한 분뇨는 토양을 비옥하게 하고 식물의 육성을 촉진할 것이다.

마르크스는 이러한 인간과 자연 사이의 순환을 '인간

과 자연의 물질대사'라고 불렀다. 인간은 다른 모든 생명체와 마찬가지로 자연의 일부이며, 무엇보다도 먼저 이 물질대사를 통해 자신의 생명을 유지한다.

하지만 인간이 필요로 하는 자연과의 관계는 그것만이 아니다. 체온을 유지하고 신체를 보호하기 위해 옷을 만들거나, 먹을 식량을 재배하고, 안전한 생활 공간을 마련하기 위해 집을 짓는다. 즉 인간들은 자연과의 물질대사를 원활하게 하기 위해, 자신의 행위에 의해 자연을 변화시킨다. 이러한 활동은 인간이 자연의 물질대사를 규제하고 제어한다는 의미에서, 인간과 자연의 물질대사의 매개라고 할 수 있다.

하지만 이 경우 역시 그 복잡함이나 다양성에 의해 구별된다고는 하지만 다른 생명체의 활동과 공통의 성격을 가지고 있다. 예를 들어, 비버가 나뭇가지와 진흙으로 댐을 만드는 행위도, 비버와 자연의 물질대사의 매개인 것은 틀림없다.

그러나 인간에 의한 물질대사의 매개와 다른 생물에 의한 그것과는 결정적인 차이가 있다. 인간에 의한 물질대사의 매개는 의식적으로 행해지지만, 다른 생물에 의한 물질대사의 매개는 본능적으로 행해지는 것에 불과하다(물론, 인간 이외의 동물도 일정한 의식을 갖고 있지만, 그 정도가 인간과는 결정적으로 다르다). 인간이 노동할 때에는 먼저 구상을 하고, 그리고 나서 이 구상에 따라 행위하고 이것을 실현한다. 따라서 인간에 의한 자연과의 물질대사의 매개는 뛰어난 의식적인 행위이며, 또한 지적 행위이다.

이러한 인간에게 고유한, 자연과의 물질대사의 의식적 매개를, 마르크스는 노동이라고 불렀다. 즉 노동이란 **인간이 자연과의 물질대사를 자신의 의식적인 행위에 의해 매개하고, 규제하고, 제어하는 것이다.**

이와 같이 인간에 의한 물질대사의 매개는 동물과 달리 자각적으로 행해진다는 특성을 갖고 있다. 그래서 인간에 의한 물질대사의 매개, 즉 노동의 존재방식은 다양성을 갖고, 시대와 함께 변화한다. 이에 수반하여 인간과 자연의 물질대사 자체도 변화해 간다.

특히 생산활동이 인격적인 결합에 기초한 공동체적 생산관계하에서 수행되는지, 사적 생산자들이 물상에 의해 결합되는 자본주의적 생산관계하에서 수행되는지에 따라, 물질대사의 매개는 매우 다른 성격을 가진다.

전자에서 노동은 전통이나 명령 등에 의해 편성되어, 사용가치의 생산을 목적으로 행해지지만, 후자에서 노동은 시장을 통해 편성되어, 가치의 생산, 더 정확하게 말하면 잉여가치의 생산을 목적으로 행해진다. 생산관계에 의한 노동양식의 차이는 생산기술의 존재방식이나 사회적 분업의 존재방식에도 큰 영향을 미쳐, 인간과 자연의 물질대

1867~1883

223

사를 크게 변용시켜 가게 된다.

자본에 의한 물질대사의 교란

이러한 관점에서 앞 장에서 본 내용을 다시 살펴보자. 자본주의적 생산관계에서 노동은 임금노동으로서, 자본의 가치증식을 목적으로 행해진다. 그래서 자본은 잉여가치를 가능한 한 많이 얻기 위해 노동시간의 연장을 제한 없이 추구한다. 한편, 자본은 경쟁에 이겨 특별잉여가치를 얻기 위해, 생산력의 상승을 끝없이 추구한다.

어느 쪽의 경우에도, 어떻게 임금노동자에게 노동을 하게 할지 혹은 어떻게 생산활동을 편성할지 등은 오로지 자본의 가치증식의 관점에서 생각될 뿐이다. 그러므로 이러한 가치증식이라는 일면적인 관점에서 노동의 편성은, 필연적으로 인간과 자연의 물질대사를 교란시키고 만다. 한편으로는 인간의 정상적인 노동력의 지출을 교란하고, 다른 한편으로는 인간과 토지 사이의 자연순환을 교란한다.

"자본주의적 생산양식은, 그것이 대중심지에 집적되는 도시인구가 점점 우세해짐에 따라, 한편으로는 사회의 역사적 원동력을 축적하지만, 다른 한편으로는 인간과 토지 사이의 물질대사를, 즉 인간에 의해 식량 및 의류의 형태로 소비된 토지 성분의 토지로의 회귀를, 따라서 지속적인 토지 비옥도의 영구적 자연조건을 교란한다. (…) 자본주의적 농업의 모든 진보는, 단순히 노동자로부터 약탈하는 기술에서의 진보일 뿐만 아니라, 동시에 토지로부터 약탈하는 기술에서의 진보이기도 하며, 일정기간에 걸쳐 토지의 비옥도를 증대시키기 위한 모든 진보는, 동시에 이 비옥도의 지속적 원천을 파괴하기 위한 진보이다. (…) 그러므로 자본주의적 생산은 모든 부의 원천, 즉 토지와 노동자를 동시에 파괴함으로써만 사회적 생산과정의 기술 및 결합을 발전시킨다."(『자본론』제1권)

자본주의적 생산은, 가치라는 경제적 형태의 힘을 바탕으로, 이 형태의 힘을 증대시킬 것을 목적으로 하는 생산이며, 가치증식이라는 형태의 논리, 즉 자본의 논리에 따라 이루어지는 생산이다. 자본에게 자연은 노동력과 마찬가지로 가치증식의 수단일 뿐이다. 한편, 어떤 생산활동도, 그것을 지속적으로 행하려면, 인간과 자연의 물질대사에 고유한 논리, 예를 들어 농업의 경우에는 리비히가 강조한 '보충의 법칙'에 따라 행해져야 한다. 그러므로 가치증식을 목적으로 하는 자본주의적 생산은, 물질대사의 논리와 어긋나, 인간과 자연 사이의 물질대사를 교란해 버린다.

만약 이러한 추세를 방치한다면, 자본은 제한 없는 가

치증식 운동을 통해 노동력과 자연환경을 파괴하고, 자본주의 사회, 나아가 인류의 존재조차 위협할 것이다. 이것이야말로 자본주의 사회의 근본문제이다.

물질대사라는 말은 원래 독일어로 Stoffwechsel이라고 하며, 이는 '소재'를 의미하는 Stoff와 '변환'을 의미하는 wechsel의 합성어이다. 즉 물질대사란 다양한 소재들의 상호작용을 의미하며, 이 물질대사가 어떤 것이 될 것인가는, 각각의 소재 자체의 성격에 의해 규정된다는 의미이다. 그러므로 앞서 말한 것을 추상적으로 표현하면, 자본주의적 생산양식의 근본 문제는 '가치라는 형태'와 '소재'의 대립, 또는 자본의 가치증식의 논리와 소재적 세계의 논리와의 대립이라고 말할 수 있을 것이다.

저항의 거점으로서의 물질대사

그렇다고는 해도, 물질대사는 자본의 논리에 의해서 일방적으로 편성되고 교란된다는 것만은 아니다. 가치든, 자본이든 반드시 자기 일꾼이 필요로 한다. 예를 들어, 상품이라면 사용가치가 가치의 담당자이며, 생산과정에 있는 자본이라면 생산수단이 자본가치의 담당자가 되어야 한다. 순수하게 사회적인 가치조차 추상적 인간적 노동의 사회적 성격의 표현이며, 노동이라는 물질적 실천 없이 생겨나는 것은 아니다. 그래서 자본은 끊임없이 물질대사의 논리를 넘어 가치증식으로 치닫고, 물질대사를 교란하는데도 불구하고, 물질대사의 제약에서 자유로울 수 없다.

예를 들어, 절대적 잉여가치를 획득하기 위한 제한이 없는 노동시간 연장은, 잉여가치를 창출하는 노동력 자체를 파괴한다. 따라서 노동력 상품의 담당자인 임금노동자들은, 내일도 노동력을 판매할 수 있도록 노동시간 연장에 대한 제한을 요구하고, 마침내 사회는 노동시간의 무제한 연장을 법으로 규제하게 된다.

또는 상대적 잉여가치를 획득하고, 임금근로자를 종속시키기 위한 생산력의 상승은, 보다 합리적인 생산력의 실현에 반하는 것이 된다. 자본은 생산력의 상승에 있어서 가능한 한 임금노동자로부터 지식이나 기술을 박탈하려고 하지만, 다른 한편에서는, 생산력을 합리적으로 상승시키기 위해, 끊임없는 기술혁신에 대응할 수 있는 지식을 가진 임금노동자가 필요하게 된다. 그러므로 자본주의하에서도, 불충분한 것이라고는 해도, 사회는 일정한 기술교육이나 직업교육을 실시하게 된다.

또한 농업에서 토지의 피폐를 도외시하고 일시적으로 생산력을 끌어올리는 것은, 단기적인 이윤 획득에는 적합하겠지만, 결국 토지를 피폐하게 하고 생산력을 저하시킨다. 그러므로 물질대사를 교란하고 토지를 피폐하게 만드는 자본주의적 농업은, 결국 합리적인 농업의 실현을 요구하는 농업종사자나 농학자들의 비판을 초래하여, 어떤 형태로든 사회적 규제가 실현된다.

이렇게 자본은 자신에게 적합하도록 소재적 세계를 편성했다 하더라도, 가치라는 순수한 사회적 힘에 의해 끊임없이 소재적 세계의 논리, 물질대사의 논리의 제약을 받아 되돌리지 않을 수 없다. 마르크스는 이 같은 물질대사의 논리에서, 사회변혁의 궁극적 근거를 찾아내고 있다.

> "자본주의적 생산양식은 [인간과 자연의 물질대사의 파괴, 도시 노동자의 육체적 건강과 농촌 노동자의 정신생활의 파괴와] 동시에, 이 물질대사의 단순히 자연발생적인 상태를 파괴함으로써, 그 물질대사를 사회적 생산의 규제적 법칙으로, 또한 충분한 인간적 발전에 적합한 형태로, 체계적으로 재건할 것을 강제한다."(『자본론』 제1권)

이렇게 보면 마르크스가 자본주의적 생산관계가 생산력 발전에 질곡이 될 것이라고 한 의미를 잘 이해할 수 있을 것이다. 이미 본 바와 같이, 마르크스는 노동을 인간과 자연의 물질대사의 의식적 매개로 정의하고 있다. 그렇다면 생산력이란 인간과 자연의 물질대사를 규제하고 제어하는 능력이 아닐 수 없다. 그것은, 결코 생산기술과 같은 말

자본주의와 어떻게 싸울까

이 아니다. 아무리 생산기술이 발전했다고 해도, 그것이 현재 인간과 자연의 물질대사를 교란시킨다면, 생산력의 발전이라고 말할 수 없기 때문이다.

따라서 마르크스는 가치증식을 최우선으로 하는 자본주의적 생산관계하에서는, 인간과 자연의 지속가능한 물질대사를 가능하게 하는 생산력을 실현할 수 없다는 점을 문제로 삼은 것이다. 그러므로 자본주의는 변혁되어야 하고, 변혁되지 않으면 자연도 인간도 파괴되어 살아갈 수 없다는 의미에서, 인간들에게 그 변혁이 강제된다. 이것이 마르크스에게 가장 근본적인 변혁의 근거였던 것이다.

그렇다면 '물질대사를 사회적 생산의 규제적 법칙으로서, 또한 충분한 인간적 발전에 적합한 형태로 체계적으로 재건하는 것'은 어떻게 가능한가. 이미 우리는 그 답을 알고 있다. 자유로운 인간들의 어소시에이션이 그것을 해결한다.

"실제로 자유의 나라는, 필요와 외적인 합목적성에 의해 규정되는 노동이 사라진 곳에서 비로소 시작된다. 따라서 그것은, 당연히, 본래의 물질적 생산의 영역의 피안에 있다. 미개인이 자신의 욕구를 충족시키기 위해, 자신의 생활을 유지하고 재생산하기 위해, 자연과 씨름해야 하듯이, 문명인도 그래야 하고, 게다가 모든 사회 형태에서, 있을 수 있는 모든 생산양식하에서 그렇게 해야 한다. 그의 발달과 함께 욕구도 증가하므로, 이 자연 필연성의 나라는 증대한다. 그러나 동시에, 이 욕구를 충족시키는 생산력도 증가한다. 이 영역에서의 자유는 단지, 사회화한 인간, 어소시에이트한 인간들이 맹목적인 힘으로써, 자신들과 자연과의 물질대사에 의해 제어되는 것을 중지하고, 이 물질대사를 합리적으로 규제하여, 자신들의 공동적인 제어하에 둔다는 것, 즉, 힘의 최소 소비에 의해, 자신들의 인간성에 가장 걸맞고 가장 적합한 여러 조건하에서 이 물질대사를 행한다는 것이다. 그러나 이는 역시 아직 필연성의 영역이다. 이 영역 저편에서, 자기목적으로 인정되는 인간의 힘의 발전이, 진정한 자유의 영역이 시작되는 것이지만, 그것은 단지 저 필연성의 영역을 그 기초로 해서만 개화할 수 있는 것이다. 노동일의 단축이 토대이다."(『자본론』 제3권 초고 제1고)

이러한 인간적이고 합리적인 생산력이 실현되면, 하루 노동시간은 현저하게 단축되고, 물질대사의 필요로부터 독립된 '진정한 자유'가 실현된다. 마르크스가 전망한 미래 사회는, 물질대사를 합리적이고 인간적으로 제어해 '진정한 자유'를 실현하는 사회였던 것이다.

만년의 마르크스의 변혁 구상과 발췌 노트

물질대사론은 마르크스의 시야를 넓혀, 보다 포괄적으로 자본주의를 파악하는 것을 가능하게 했다. 이제 마르크스는 자본주의의 여러 모순을 자본의 논리와 물질대사의 논리의 상극으로 파악하고, 물질대사의 논리 속에서 자본주의에 저항하는 거점을 찾아낸다.

만년의 마르크스는 이런 시각에서 농화학, 지질학, 그리고 공동체 연구 등 광범위한 영역에서 물질대사의 논리를 자세히 연구하고, 거기에 어떤 저항의 가능성이 있는지를 계속 탐구했다. 만년의 마르크스의 새로운 변혁 구상은, 이러한 끝없는 탐구 속에서 나타나고 있는 것이다.

하지만 마르크스가 공개적으로 간행한 저작만 본다면, 만년의 마르크스의 이런 관심의 확대를 이해하기는 어렵다. 미간행에 그친 초고류나 편지에는 관련 서술이 나름대로 존재하지만, 그래도 마르크스의 시야 확대의 일단을 보여주고 있는 것에 지나지 않는다. 만년의 마르크스의 관심의 확대와 새로운 변혁 구상을 이해하기 위해서는, 마르크스의 공부 노트, 이른바 '발췌 노트'를 봐야 한다.

마르크스가 베를린 대학 재학 중 아버지에게 쓴 편지를 기억하는가. 열아홉 살 마르크스는 이미 그 편지를 통해 자신이 읽은 책의 거의 전부에서 발췌를 작성하는 습관을 몸에 익혔음을 보고했다. 마르크스는 이 습관을 평생 바꾸지 않았다. 오히려, 만년이 됨에 따라, 발췌 노트의 양은 증가해, 생애 마지막 10년간 작성된 발췌문은 전체 발췌의 3분의 1을 차지할 정도이다.

그러나 만년의 마르크스는 건강문제 등도 있어 이를 이용해 초고나 저작을 집필하는 것은 거의 불가능했다. 그런 의미에서 발췌 노트는, 만년의 마르크스의 이론적 발전을 이해하기 위한 중요한 단서를 이룬다고 할 수 있다.

현재 간행 중인 『마르크스 · 엥겔스 전집』[약칭은 MEGA(Marx-Engels Gesamtausgabe). 미완으로 끝난 구 MEGA와 구별하기 위해 신 MEGA로 불리기도 한다. 또한 오츠키 쇼텐(大月書店)이 간행한 『마르크스 · 엥겔스 전집』은 『마르크스 · 엥겔스 저작집』의 번역이며, MEGA와는 별개의 것이다]에는 이 발췌 노트도 모두 수록될 예정이다. 참고로 뒷 장에 『자본론』 제1권 간행 이후의 마르크스의 발췌 노트의 개요를 소개한 표를 제시한다. 필자도 일본 MEGA 편집위원회의 일원으로서 편집작업에 관여하고 있으며, 이 표 가운데 18권과 19권의 편집에 참가하고 있다.

이 표만 봐도, 마르크스가 얼마나 광범위한 관심을 갖고 있었는지 알 수 있을 것이다. 너무나 영역이 넓기 때문에, 구 MEGA를 편집한, 랴자노프조차도 다음과 같은 의문을 제기하지 않을 수 없을 정도였다. "왜 마르크스는 이런 체계적이고 철저한 요약을 위해 그렇게 많은 시간을 낭비했고, 1881년이라는 만년에 지질학에 대한 기본서의 각 장에 대한 요약에 에너지를 소비했을까. 이미 63세였던 그의 이런 행동은 변명의 여지가 없는 현학 행세가 아닐까"(「마르크스와 엥겔스의 문헌적 유산에 대한 최신 보고」)라고.

당시 마르크스 연구의 수준으로 보면, 그 의의를 이해하지 못한 것은 무리가 아닐 것이다. 하지만, 만년의 마르크스의 발췌 노트는 결코 '변명의 여지가 없는 현학 행세'는 아니었다. 거기에는 자본의 논리, 형태의 논리에 대항하기 위해 물질대사의 논리, 소재의 논리를 철저히 탐구한 늙은 마르크스의 노력 흔적이 새겨져 있다. 분명히, 이 노력은 저작으로 결실된 것은 아니었지만, 거기서 마르크스의 메시지를 읽어내는 것은 가능할 것이다.

이하에서는 초고나 편지뿐만 아니라, 이 발췌 노트도 단서로 하면서, 생태, 공동체, 젠더 등 세 분야와 관련하여, 만년의 마르크스의 변혁 구상의 발전에 대해 살펴본다. 하지만 그렇다고 해도, 이 분야는 미개척의 영역이 많아, 유감스럽지만 그 전모를 나타낼 수는 없다. 그래도 최근 몇 가지 중요한 연구가 이루어져 대략적인 이미지를 보여줄 수 있을 것이다.

표 1. 『자본론』 제1권 간행 후의 마르크스의 발췌 노트의 개요

권	집필시기	마르크스의 발췌 노트의 개요
18	1864.2 ~ 1868.8	경제학, 특히 지대에 관련한 농업, 농화학의 여러 저작으로부터 발췌(리비히, 프라스, 마우러 등을 포함)
19	1868.9 ~ 1869.9	경제학, 특히 화폐시장, 공황에 관한 발췌
21	1869.10~ 1874.12	아일랜드 문제에 관한 발췌, 국제노동자협회에서의 활동에 관련한 발췌, 파리 코뮌에 관련한 발췌, 러시아의 농촌공동체, 토지의 공유제, 토지제도 등의 문헌으로부터 발췌
22	1875.1 ~ 1876.2	러시아(특히 농민해방 후의 발전)에 대한 발췌
23	1876.3 ~ 6	생리학, 기술사에 관한 발췌, 역사(러시아, 잉글랜드, 고대 그리스) 발췌
24	1876.5 ~ 12	토지소유의 역사, 유럽 및 유럽 외(스페인 등)의 법제사에 대한 발췌 마우러로부터 발췌
25	1877.1 ~ 1879.3	경제학, 은행제도 및 금융제도, 상인 산술에 관한 발췌, 러시아의 경제적·사회적 발전, 토지제도 등에 관한 여러 저작에서 발췌, 오웬에서 발췌, 프랑스사에 대한 발췌, 카우프만 『은행업의 이론과 실천』의 발췌, 라이프니츠를 논한 저작, 데카르트의 발췌

권	집필시기	마르크스의 발췌 노트의 개요
26	1878.5 ~ 9	지질학, 광물학, 토양학, 농학, 농화학, 농업통계학, 지구사, 세계무역사 등에 관한 발췌, 미국의 통계자료 요약
27	1879 ~ 1881	인도사로부터 상세한 연대기적 발췌(잉글랜드의 인도 지배와 예속화 등), 지대 문제, 일반적인 토지관계 문제, 특히 러시아의 농민공동체에 대한 자료와 문헌 발췌(코발레프스키 등), 원시고대사, 가족제도사, 민족학 관련 발췌(모건의 『고대사회』, 피어, 메인, 러복 등)
28	1879 ~ 1882	러시아 및 프랑스의 역사, 특히 농업사정에 관한 발췌, 특히 1861년 농민해방 이후의 러시아의 사회경제적 발전에 대한 발췌, 메모 「러시아의 농노해방에 대하여」, 바그너의 『경제학교과서』에 대한 평주
29	1881 ~ 1882	유럽사의 여러 사건의 연대기적 개요 및 세계사를 위한 동시기 사실 대비 연표
30	1863, 1878, 1881	수학, 특히 삼각법, 미분법, 대수학에 관한 노트
31	1879 ~ 1883	유기화학 및 무기화학에 관한 발췌

자료: 大谷禎之介·平子友長編, 『マルクス抜粋ノートからマルクスを読む』, 桜井書店, 2013.

생태문제와 물질대사론

"마르크스는 생산력 중심주의이며, 생태 문제에 거의 주의를 기울이지 않았다"라는 마르크스 해석은 아직도 끈질기게 주장된다.

분명히, 젊은 마르크스는 구체적인 환경 문제에 대해 거의 언급하지 않았다. 마르크스는 이미 1850년대에, 리카도의 수확체감의 법칙을 비판하기 위해 리비히의 저작을 포함해 몇몇 농화학서를 읽었지만, 거기에 쓰여 있는 약탈 농업에 관한 기술에는 거의 관심을 보이지 않았다. 우리는 그것을 발췌 노트로부터 읽을 수 있다. 이 시기의 마르크스는, 단지 근대 과학을 적용하는 것만으로, 토지를 피폐하게 하지 않고 농업생산성을 상승시킬 수 있다고 생각했던 구석이 있다.

하지만 마르크스는 『자본론』에서 이런 견해를 극복한다. 현실적으로 발생하는 토지 피폐는 단순한 근대과학의 적용으로 해결될 문제가 아니다. 오히려 자본주의적 생산양식에서 근대과학의 적용은, 잉여가치의 획득이라는 자본의 논리에 따라 이루어지기 때문에, 인간과 자연 사이의 물질대사를 교란해 버린다. 이렇게 마르크스는 초기의 '생산력 중심주의적' 견지를 뛰어넘어, 오히려 자본주의적 생산양식에 있어서는 합리적인 생산력을 실현할 수 없음을 분명히 했다.

사실 당시 상황을 생각하면, 마르크스가 환경문제를 다룬 것 자체는 특별한 일이 아니다. 왜냐하면 동시대의 많은 경제학자가 이 문제를 논의하고 있기 때문이다.

예를 들어 독일의 저명한 경제학자인 빌헬름 로셔는, 리비히의 저작을 높이 평가하고, 농업, 축산업, 어업, 임업에 있어서 지속가능성의 필요성을 강조했다. 혹은 나중에 엥겔스로부터 호된 비판을 받게 될 좌파 경제학자 오이겐 듀링도, 리비히의 이론에 주목하며 '의식적인 물질분배의 규제'를 호소했다. 미국에서는 헨리 찰스 캐리가 토지 피폐와 약탈농업의 문제에 대해 논하고 있었고, 잉글랜드에서도 윌리엄 스탠리 제번스가 저술한 자원의 고갈에 대해 경고한 팸플릿이 화제를 모으고 있었다.

요컨대, 환경 문제는 당시의 경제학자에게 있어서 매우 현실적인 테마였던 것이다. 극히 많은 경제학 연구서를 섭렵하고, 경제 관련 잡지를 꼼꼼히 읽던 마르크스가, 이들 논의로부터 영향을 받지 않았을 리 없다. 실제로 마르크스는 『자본론』 제1권을 마무리하는 작업과 병행해, 로셔나 듀링의 저작들을 연구했다.

그렇다고 마르크스는 다른 경제학자들의 견해를 그대로 베낀 것은 아니다. 마르크스는 "무정부적 생산활동이 물질대사를 교란하므로, 사회적으로 물질대사를 규제할 필요가 있다"는 식의 추상적 명제에 만족하지 않았다.

왜냐하면 마르크스에게 중요했던 것은, 환경문제 일반의 존재를 지적하는 것이 아니라, 형태의 논리 혹은 자본의 논리에 의해서 물질대사가 어떻게 변용되고 교란되는지, 혹은 형태의 논리가 물질대사의 논리에 의해서 어떠한 제한을 받는지를 **구체적으로** 파악하는 것이었기 때문이고, 또 그것을 통해서 자본에 대한 **저항의 가능성**을 밝히는 것이었기 때문이다. 실제로 마르크스는『자본론』을 집필하면서 리비히뿐 아니라 여러 농화학자의 견해를 꼼꼼히 발췌해 상세히 검토하고 있다.

농학자 프라스의 기후변화론과 물질대사

『자본론』제1권을 간행한 후, 물질대사의 구체적인 논리에 대한 마르크스의 관심은 점점 높아져 갔다. 농화학 분야에만 국한해도, 마르크스는『자본론』제2권(나중에 엥겔스 편집에서는 제3권)에 담을 예정이었던 지대론(유감스럽게도 지면 관계로 이 책에서는 다루지 못했다)을 마무리 짓기 위해서는, 좀 더 연구가 필요하다고 생각하고 있었다. 마르크스는 그토록 높게 평가한 리비히의 견해마저 상대화하고, 물질대사의 논리를 구체적으로 파악하기 위한 끝없는 탐구의 여행을 계속한다.

1868년 1월 마르크스는 엥겔스에 대해 다음과 같은

편지를 썼다.

"[저명한 화학자이자 친구인] 쇼를레머에게 농화학의 최신의 최고의 책은 어떤 것인지 물어봐 줄 수 없을지요? 더욱이 광물비료론자와 질소비료론자 사이의 논쟁 문제는 지금 어떻게 되어가고 있는지에 대해서도요(내가 이 주제에 대해 마지막으로 연구한 이후, 독일에서는 여러 가지 새로운 것들이 나타났습니다). 리비히의 토지피폐론에 대한 반론을 쓴 요즘 독일인들에 대해, 쇼렌머는 뭔가 알고 있지 않을까요? 뮌헨의 농학자 프라스(뮌헨대 교수)의 충적이론을 그는 알고 있을까요?"

여기에서 읽을 수 있는 것은, 마르크스가 리비히의 견해에 만족하지 않고 리비히에 비판적인 농학자의 견해를 조사하려 했다는 점이다. 실제로 마르크스는 이 편지를 쓴 뒤, 여기서 거론되는 칼 프라스의 저작들을 집중적으로 발췌했다. 프라스는 지금은 거의 잊혔지만 아테네대 교수와 국립농업실험소 장관 등을 역임한 유능한 인물로, 토지 피폐의 원인과 무기비료의 효과 등을 놓고 리비히와 논쟁을 벌였다.

마르크스는 두 달 뒤 엥겔스에게 보내는 편지에서 다음과 같이 말했다.

"프라스의 『시간에 있어서의 기후와 식물계, 양자의 역사』(1847년)는 매우 흥미롭습니다. 그것은 역사적인 시간 속에서 기후도 식물도 변화한다는 것을 논증하고 있습니다. (…) 그는 다음과 같은 것을 주장하고 있습니다. 경작이 진행됨에 따라―그 정도에 따라― 농민이 그렇게도 애호하는 '습윤함'이 소실되고(따라서 식물도 남쪽에서 북쪽으로 이동하고), 최후로 초원이 형성된다, 라고요. 경작의 최초의 작용은 유익하지만, 결국은 삼림 벌채 등에 의해서 황폐화된다 등등 이라는 것입니다. (…) 그의 결론은, 경작은―만약 그것이 자연발생적으로 전진해 가고 의식적으로 지배되지 않는다면(이 의식적인 지배에는 물론 그는 부르주아로서 생각이 미치지는 않았지만)―황폐를 뒤에 남긴다는 것입니다. 페르시아나 메소포타미아 그리고 그리스처럼. 또, 역시 무의식적인 사회주의적 경향입니다! (…) 농업에 대해 새로운 것을, 그리고 최신의 것을, 정밀하게 조사할 필요가 있습니다. 자연학적인 학파는 화학적인 학파와 대립하고 있습니다."

마르크스가 프라스의 저작으로부터 큰 영향을 받은 것은 분명한 것 같다. 프라스에 따르면, 역사적 시간의 경과 속에서 기후와 식물도 변화하는데, 이때 큰 영향을 주는 것이 인간의 경작 활동이다. 경작에 따른 자연에의 관

자본주의와 어떻게 싸울까

여, 특히 삼림 벌채가 습도를 빼앗아 기온을 상승시킨다. 그 결과 식물은 남쪽에서 북쪽으로, 저지대에서 고지대로 옮겨갔고, 각각의 식물의 자태도 변화해간다. 이렇게 "농민이 그렇게도 애호하는 '습윤함'"이 없어지고, 황폐함을 뒤에 남겨 버린다. 프라스가 저작에서 예증으로 들고 있는 것은 고대 그리스, 이집트, 메소포타미아 등인데, 그는 그것을 통해 근대의 기후변화의 문제에 대해 선구적으로 경고한 것이다.

당시 기후변화 문제는 리비히가 경고한 토지 피폐 문제에 비해 절박한 것이 아니었고, 프라스의 경고는 큰 영향력을 행사하지 못했다. 하지만 마르크스는 오히려 프라스의 역사적 시야를 찬양하며 매우 열심히 발췌했다. 프라스에 대한 강한 관심은, 비록 장기적이더라도, 기후변화가 근본적인 환경파괴를 초래할 위험을 마르크스가 느끼고 있었음을 시사하는 것으로 생각된다.

리비히를 읽을 때, 마르크스의 관심은 토양의 피폐에 있으며 농지에 필요한 양분에 대한 논쟁(광물비료론자와 질소비료론자 사이의 논쟁)에 있었다. 그러나 지금은 농업에서의 물질대사 교란을 토양의 양분 부족으로만 보는 '화학적인 학파'에 만족하지 않고, 프라스와 같이 인간의 경작활동이 일으키는 기후변화에 대해 분석한 '자연학적인 학파'에도 주목한다. 마르크스는 프라스의 저작을 열심히 검토함으로써, 물질대사의 교란을 보다 다면적으로 파악하게 되었다.

물론 프라스 자신은 기후변화 문제의 해결책을 찾지 못했다. 그러나 마르크스는 프라스에게서 '무의식적인 사회주의적 경향'을 발견했다. 그 이유는, 프라스는 의식적인 규제 없는 경작이 가져오는 기후변화와 그로 인한 물질대사의 교란에 대해 논하고 있으며, 물질대사를 사회적으로 제어할 필요성을 암시했기 때문이다.

마르크스는 아무리 대중적인 인기를 자랑하더라도 이념적인 빈말을 뱉는 '사회주의자'는 싫어했지만, 설사 일반에게 영향력을 갖지 않더라도 사실에 입각한 구체적인 분석에 의해 물질대사 논리를 밝힌 과학자들은 높이 평가했다. 마르크스는 추상적인 이념에 의해서가 아니라, 지극히 구체적인 사실을 축적해 물질대사의 구체적인 논리를 해명함으로써, 자본에 대한 강고한 저항의 진지를 쌓아 올리려고 했던 것이다.

유감스럽게도, 마르크스는 그 이후 지대론에 대해 쓸 기회가 거의 없었고, 초고에서 프라스를 직접 언급하지는 않았다. 그러나 1868년에 쓴 초고에서는, 농업경제학자 프리드리히 키르히호프의 저작에서 다수를 발췌해, 자본이 임업을 영위할 경우, 단기적인 이익 추구를 위해 장기적인 시야에서 삼림 보전을 게을리하고 삼림의 파괴가 진행되고

자본주의와 어떻게 싸울까

있음을 지적하고 있다. 여기에서, 프라스로부터의 영향을 읽어낼 수도 있을지도 모르겠다.

마르크스의 프라스 저작 연구는 어디까지나 일례에 지나지 않는다. 마르크스는 이후에도 물질대사 논리를 계속 탐구했다. 마르크스는 삼림 파괴나 토지 피폐에 관한 저작들을 1870년대에 들어서도 계속 읽었고, 축산업과 자본주의의 관계에 대해서도 연구했다. 자원 문제에 대해서도 일관되게 관심을 갖고 있었다. 1870년대에는 마르크스의 관심이 더욱 확장돼, 지질학, 광물학, 식물학, 유기화학 등에도 미쳤다. 만년의 마르크스는 이러한 분야의 저작으로부터 방대한 양의 발췌를 작성하고 있다. 마르크스가 얼마나 넓은 시야에서 물질대사의 논리를 파악하려 했는지 알 수 있을 것이다.

물질대사론에서 공동체 연구로

이런 물질대사 논리의 탐구는 자연과학 분야에 그치지 않았다. 마르크스는 프라스의 저작에서 자극을 받아 공동체 연구를 시작했다. 왜냐하면, 프라스는 법역사학자인 게오르크 루드비히 폰 마우러를 높게 평가하면서, 초기 게르만의 촌락 형성이 지력의 향상을 해치지 않는 형태로 행해졌다는 마우러의 견해에 주목했기 때문이다.

물론, 마르크스는 이전에도 몇 번이나 공동체를 연구했지만, 이제는 물질대사의 합리적인 제어라고 하는 관점에서 공동체를 연구했다. 마르크스는 이 시도를 통해 전근대 사회, 나아가 자본주의에 포섭되지 않은 비서구사회에 대한 견해를 크게 변화시키게 되었다.

젊은 시절 마르크스는 분명히 전근대적인 공동체에 낮은 평가밖에 주지 않았다. 당시 마르크스에게―노예제나 농노제에서 볼 수 있듯이―그러한 사회 형태는 인간의 자유에 대한 질곡에 지나지 않았기 때문이다. 마르크스는 『공산당선언』에서 열정적으로 자본주의를 비판하면서도, 그것이 낡은 공동체 사회를 파괴하고 그 질곡에서 인간들을 해방시켰다는 것을 높이 평가했다. 마르크스는 1848년 혁명의 와중에 『신라인신문』에 쓴 논설에서도 다음과 같이 서술하고 있다.

"우리는 노동자와 소부르주아 여러분에 이렇게 호소한다. 여러분의 계급을 구원한다는 구실로 온 국민을 중세의 야만 상태로 되돌리는, 과거의 사회형태로 되돌아가기보다는, 차라리 여러분 모두에게 해방을 가져다줄 새로운 사회를 건설하기 위한 물질적 수단을 그 공업에 의해 만들어내는 근대 부르주아 사회에서 고통받는 쪽을 선택하시오! 라고."(「몽테스큐 56세」)

전근대적 공동체에 대해 부정적이었던 것과 똑같은 이유로, 젊은 마르크스는 자본주의의 세계화에 대해 긍정적인 태도를 취했다. 마르크스는 당시, 임금노동자에 대한 파멸적 파장을 예상하면서도 자유무역에 찬성했다. 또 잉글랜드 식민지주의에 따른 인도의 전근대사회의 파괴도, 그 비인도적 성격을 엄격히 지탄하면서도 기본적으로는 긍정적으로 보고 있었다. 마르크스는 『뉴욕 데일리 트리뷴』에서 다음과 같이 썼다.

> "우리는 이들 목가적인 촌락공동체가 비록 무해하게 보일지라도, 그것이 항상 동양 전제정치의 강고한 기초가 되어 왔다는 것, 또한 그것이 인간 정신을 가능한 한 가장 좁은 범위에 가둬, 인간 정신을 미신의 무저항한 도구로 만들고, 전통적인 규칙의 노예로 만들고, 인간 정신에서 모든 웅대함과 역사적 정력을 빼앗았다는 것을 잊어서는 안 된다."
> (「잉글랜드의 인도 지배」)

마르크스는 인도 공동체에 이런 판단을 내린 뒤, 잉글랜드 식민지주의에 따른 공동체 파괴를, 근대화를 추진하는 '사회혁명'으로 평가한다. "잉글랜드가 저지른 죄가 어떤 것이든, 잉글랜드는 이 혁명을 가져옴으로써 무의식적으로 역사의 도구의 역할을 한 것이다"(「잉글랜드의 인도 지배」).

하지만, 마르크스는 이후, 서서히 자신의 견해를 수정해 나간다. 앞서 인용한 『트리뷴』의 기사는 1853년의 것인데, 마르크스의 견해는 1857년부터 변화하기 시작했다.

마르크스는 1857년에 집필한 논설에서, 제2차 아편전쟁 시기의 중국의 저항 운동과 인도의 세포이의 난을 지지하고, 자신의 반식민주의를 선명히 했다. 또 비슷한 시기에 쓴 『경제학비판요강』에서는 공동체론을 상세히 전개해, 전근대의 공동체를 긍정적인 뉘앙스로 그려냈다. 마르크스는 게르만적, 그리스·로마적 형태와 함께 아시아적 형태의 공동사회에 대해서도 검토하고, 이들 형태에서 모두 인간과 토지의 '본원적 통일'이 존재함을 확인했다. 자본주의적 생산양식이란 바로 이 '본원적 통일'의 완전한 해체의 귀결이나 다름없다.

이미 보았듯이, 마르크스는 『자본론』을 완성하기 위한 노력을 거듭하면서, 물상의 힘의 강력함을 더욱 심각하게 인식하게 되었다. 이에 따라 자본주의와 다른 사회형태인 공동체에 대한 공감을 한층 강화해 갔다. 이렇게 1867년 『자본론』 제1권을 쓸 무렵 마르크스는 전근대의 공동체를 단순히 극복해야 할 정체된 사회로 보는 초기의 단선주의적이고 근대주의적인 역사관을 극복하고 있었다.

하지만 마르크스의 공동체에 대한 인식의 발전은 여기서 그치지 않았다. 마르크스는 단지 공동체에 공감을 표시할 뿐 아니라, 그것을 적극적으로 변혁 구상 안에 위치지웠다. 마르크스는 1868년 마우러의 저작을 발췌한 것을 시작으로, 물질대사라는 새로운 관점에서 본격적인 공동체 연구를 시작하고, 비서구사회 공동체의 생명력, 식민지주의에 대한 이들의 저항력에 주목했다.

공동체론의 도달점으로서의 「자술리치에게 보내는 편지」

이러한 마르크스 공동체론의 심화를 단적으로 보여주는 것이, 최만년인 1881년 집필된 「자술리치에게 보내는 편지」와 그 초고이다.

러시아의 혁명가 베라 자술리치는, 마르크스에게 다음과 같은 편지를 써서 마르크스의 견해를 문의했다. 러시아의 마르크스주의자들은, 러시아 공동체가 필연적인 역사법칙에 따라 몰락할 운명에 있다고 여기는데, 그들의 주장대로 우리는 공동체의 몰락과 자본주의의 발전을 기다릴 필요가 있는가, 또는 러시아 공동체는 전제의 굴레에서 해방된다면 사회주의로 발전해 나갈 수 있는가 하는 것이다.

마르크스는 이 물음에 답하기 위해, 비교적 긴 3개의 초고를 집필한 뒤, 간결한 답변을 썼다. 그 요점으로 다음의 세 가지를 들 수 있을 것이다.

첫째, 마르크스는 이 편지와 초고에서 단선주의적이며 근대주의적인 역사관을 분명히 부정했다.

앞 장에서 살펴본 바와 같이, 『자본론』의 본원적 축적론은, 전근대적인 자기노동에 기초한 사적 소유를 수탈함으로써, 자본주의적인, 타인 노동의 착취에 기초한 사적 소유가 생성됨을 분명히 하고 있었다. 마르크스는 후에 『자본론』 프랑스어판(1872~1875년)을 간행하면서, 이 부분의 서술을 약간 수정하고, 본원적 축적론의 타당 범위를 서유럽으로 한정하였다. "이것 [본원적 축적]이 근본적으로 실현된 곳은 아직 잉글랜드뿐이다. (…) 하지만 **서유럽**의 다른 모든 나라도 이와 동일한 운동을 경과한다." 마르크스는 이 서술을 인용하여, 서유럽 이외의, 공동체적 소유가 강고하게 잔존하는 사회에서는 다른 역사적 발전의 도정을 걸을 수 있다는 인식을 보여주었다.

더욱이 마르크스는 잉글랜드의 식민지주의가 아무리 잔학했더라도, 인도의 전근대적인 사회제도를 파괴하는 한 진보적이라는 1850년대까지의 인식을 전면 철회하고, 다음과 같이 말하고 있다. "동인도를 예로 들면 (…) 거기서는 토지의 공동소유의 폐지는, 원주민을 전진시키는 것이 아

자본주의와 어떻게 싸울까

니라 후퇴시키는 잉글랜드의 문화 파괴 행위에 지나지 않았습니다"(제3 초고).

둘째, 마르크스는 공동체의 필연적인 해체를 부정하는 근거로, 전근대적 공동체의 생명력을 들었다. 물론 같은 전근대적 공동체라도 여러가지 유형과 발전단계가 있어 그것들은 한결같지는 않다. 마르크스는 러시아에서 공동체 유형을 '농경공동체'라고 부르며 이를 높이 평가했다.

'농경공동체'는 더 태고적 유형의 원시적 공동체에서 생겨난 것이지만, 원시적 공동체와 달리 이미 "혈연에 얽매이지 않은 자유로운 인간들의 최초의 사회집단"(제3 초고)이다. 또한 토지를 공동노동에 의해 경작하는 원시적 공동체와 달리, 토지는 공동소유되고 있지만, "정기적으로 공동체 구성원들 사이에 분할되어, 따라서 각 사람은 자기에게 주어진 밭을 자기 자신의 계산으로 경영하고, 그 과실을 개별적으로 자기 것으로 취득"했다(제3 초고).

마르크스에 따르면, '농경공동체 구조에 고유한 이 이중성', 즉 원시적 공동체의 공동소유를 계승하면서도, 경작과 그 성과의 취득이 개인적으로 이뤄진다는 이중성이, '이 공동체에 강인한 생명을 준다'는 것이다. 왜 그럴까.

이를 이해하기 위해서는, 우선 농경공동체에 선행하는 원시적 공동체의 생명력에 대해 이해할 필요가 있다. 마르크스는 "원시적 공동사회의 생명력은 셈인, 그리스인, 로

마인 등의 사회보다는 물론 근대 자본주의 사회의 그것보다도 비교가 안 될 정도로 강했습니다"(제1 초고)라고 썼다.

앞서 거론한 농화학자 프라스는 바로 '셈인, 그리스인, 로마인 등의 사회'에서 경작에 의한 기후변화와 토지 황폐가 야기되어, 그 사회 자체가 쇠퇴해 버렸다는 것을 자세히 논했으며, 마르크스도 이것을 당연히 알고 있었다. 그러한 사회에서 환경 파괴가 심각해진 것은, 토지의 사적 소유가 기본 형태가 되어, 경작에 대한 공동체적 규제가 약했기 때문일 것이다.

이에 반해 원시적 공동체에서는 사적 소유는 전혀 존재하지 않으며, 매우 강력한 공동체적 규제가 존재하고 있었다. 이것이 인간과 자연 사이의 물질대사 교란을 막고, '셈인, 그리스인, 로마인 등 사회'보다 강한 생명력, 달리 말하면 더 큰 지속가능성을 가져온 것이다. 더욱이 매우 짧은 기간에 유례없는 규모로 물질대사의 교란을 초래한 자본주의 사회보다도, 강고한 지속가능성이 있는 것은 당연한 일일 것이다. 그러나 이 원시적 공동체는 협애한 혈연관계에 기초하고 있었으며, 개인의 발전을 저해하고 생산력의 발전을 방해했다.

즉, 농경공동체는 한편으로 토지의 공동소유에서 원시적 공동체의 생명력을 계승하면서, 다른 한편으로 분할 경지와 그 성과의 사적 취득에 의해 개인성을 발달시켜, 사

자본주의와 어떻게 싸울까

회의 생산력을 높이는 것이 가능했기 때문에, '강인한 생명'을 가진다고 마르크스는 평가했다.

셋째, 마르크스는 농경공동체를 '러시아의 사회 재생의 거점'으로 자리매김했다.

마르크스는 러시아 공동체를 억압하고 괴롭히는 국가의 착취를 제거하고, 정상적인 발전 조건을 확보하면, 러시아 공동체가 공산주의로 발전하는 것이 가능하다고 생각했다. 그 이유는 당시 아직 잔존해서, 광대한 제국의 농민 생활의 기초를 이루고 있던 러시아의 농경공동체는, 고도의 생산력을 실현한 서유럽 자본주의 사회와 동시에 존재했기 때문이다. 즉 서유럽이 공동체를 파괴하고 자본주의를 경유함으로써만 얻을 수 있었던 생산력을, 러시아는 농경공동체를 파괴하지 않고 획득할 수 있는 것이다.

게다가 이 농경공동체는, 분할경지이면서도 집단적인 요소가 우세해, 실제로 '목장의 예초 건조 및 간척 등 공동체적 사업'에서 공동노동을 하고 있었다. 그런 의미에서 농학적으로 합리적이라고 하는 집단 경작, 즉 기계를 이용하는 광대한 규모의 경작에도 적합했다.

이렇게 러시아 농경공동체는, 국가의 폐해를 제거하고, 자본주의의 최신 성과인 농학을 도입한다면, 공동체적 요소를 더욱 강고히 하고, 나아가 지속 가능하면서도 고도의 생산력을 실현할 수 있다.

더욱이 마르크스는 농경공동체 발전 가능성의 근거를, 자본주의적 생산양식의 궁지에서 보았다.

> "'농경공동체'의 이런 발전이 현대의 역사적 조류에 조응하는 것이라는 가장 좋은 증거는, 자본주의적 생산이 가장 큰 도약을 이루고 있는 유럽과 미국 각국에서 이 생산이 빠져들고 있는 숙명적인 위기입니다. 이 위기는, 자본주의적 생산이 소멸됨으로써, 근대사회가 가장 원고적인 형태의 보다 고차적인 형태인 집단적인 생산과 취득으로 복귀함으로써 종결될 것입니다."(제1 초고)

마르크스는 서유럽이나 미국에서 지배적인 자본주의적 생산양식에 대해, 과거 어느 때보다 엄중한 평가를 내렸다. "현재 자본주의 시스템은 서유럽에서도, 미국에서도, 과학과도, 인민대중과도, 또 이 시스템이 만들어내는 생산력 그 자체와도, 투쟁 상태에 있습니다."(제1 초고) 잉여가치의 극대화를 목적으로 하는 자본주의적 생산양식은, 인민대중과 대립하고 있을 뿐만 아니라, 물질대사를 지속가능한 방식으로 제어하기 위한 과학과도 대립하고 있으며, 이러한 의미에서 합리적인 생산력 발전에 맞서고 있다. 마르크스가 물질대사의 제어라는 관점에서, 농경공동체의 역사적 의의를 파악하려 했음은 분명하다.

이러한 러시아의 농경공동체에 대한 높은 평가가, 만년의 방대한 러시아 연구에 바탕을 둔 것임을 발췌 노트에서 알 수 있다. 하지만, 발췌 노트로부터 알 수 있는 것은 그것만이 아니다. 전근대적 공동체에 대한 마르크스의 높은 평가는 러시아 농경공동체에 국한되지 않았다.

마르크스는 만년에 수행한 역사연구, 공동체 연구를 통해, 인도, 알제리, 라틴아메리카, 인도네시아 등 매우 광범위한 지역에서 공동체의 생명력에 주목했다. 예를 들어 코발레프스키의 『공동체적 토지소유』, 시웰의 『인도의 분석적 역사』, 마니의 『자바』 등의 최만년의 발췌 노트에서, 마르크스는 공동체의 생명력이나 식민지주의에 대한 저항력을 시사하는 부분을 중점적으로 발췌하고, 반대로 공동체의 보수성에 관한 서술을 무시하는 경향이 있었다.

그렇다면, 「자술리치에게 보내는 편지」에서 '공동체는 러시아에서 사회적 재생의 거점이다'라는 테마도, 러시아에 한정된 것은 아니었을 가능성이 높다. 만년의 마르크스는 종래의 근대화론을 철회했을 뿐만 아니라, 오히려 전근대적 공동체의 생명력에 의해서 자본의 힘을 봉쇄해 간다는 전략으로 전환했다고도 말할 수 있을 것이다.

공동체론 연구에서 젠더로

물질대사론에서 공동체론으로 전개된 마르크스의 문제 관심은 다시 젠더로 확대됐다. 만년의 마르크스가 연구한 공동체에 대한 저작들 중에는, 전근대 사회의 남녀관계에 대한 흥미로운 서술이 여럿 있었고, 마르크스는 이에 주목했다.

　대부분의 동물과 마찬가지로 유성생식을 하는 인간은, 생식활동을 하고 출산하며 아이를 키우는 과정을 계속 반복해야만 스스로를 종으로 유지하고 생명을 이어갈 수 있다. 그런 의미에서 이러한 행위는 인간과 자연의 물질대사의 일환이라고 할 수 있을 것이다.

　그러나 인간과 동물은 결정적으로 다른 점이 있다. 노동이 그렇듯이, 생산력의 수준이나 사회 형태에 따라 생식, 출산, 육아의 방식이 변화하고, 그에 따라 남녀관계도 변화한다. 이처럼 사회적으로 형성되는 남녀관계나 성에 따른 역할의 차이 등을 문제 삼는 것이 '젠더'라는 개념이다.

　마르크스는 주요 저작에서 젠더와 관련된 체계적인 서술을 남기지 않았다. 그래서 일부 페미니스트들로부터 '마르크스는 젠더를 무시하고 있다'는 비난을 받아왔다.

　사실 마르크스는 빅토리아 시대의 도덕관념을 공유하고 있었고, 젠더 편견에서 자유롭지 못했다. 마르크스는 동시대의 수많은 혁명가와는 달리, 좋은 가정인이었고, 많은 경우 실제로 그러했다. 그러나 마르크스의 가정은, 당시 중

산계급의 가부장적 가족관을 크게 벗어나는 것은 아니었다. 또 『자본론』에서도, 오늘날이라면 문제시될 수 있는 젠더 편견에 근거한 서술이 보인다.

그러나 다른 한편으로, 마르크스는 남녀 관계의 존재방식에는 젊을 때부터 강한 관심을 가지고 있었으며, 인터내셔널 등의 활동에 여성의 참가를 적극적으로 지지했다. 넓은 의미에서는 젠더에 관심을 가졌다고 할 수 있다. 예를 들어 『경제학 철학 초고』에서는 다음과 같이 서술했다.

"남성의 여성에 대한 관계는 인간의 인간에 대한 가장 자연적인 관계이다. 그래서, 어느 정도까지 인간의 자연적 태도가 인간적으로 되었는지, 혹은 어느 정도까지 인간적 본질이 인간에 대해 자연적 본질로 되었는지, 어느 정도까지 인간의 인간적 자연이 인간에 대해 자연으로 되었는지는, 남성의 여성에 대한 관계 속에 나타나 있다."

추상적인 표현이지만 인간 사이의 관계가 얼마나 발전적인지는 남녀관계에 있어서 단적으로 나타난다는 것이다. 인간 사이의 관계가 억압적이고 차별적인 사회에서는 그만큼 남녀관계도 억압적이고 차별적이며, 그 역도 성립한다.

또, 『자본론』 제1권에서는, 자본주의적 생산양식이

남녀 관계의 발전에 대해 '진보적'인 역할을 한다는 것을 지적하고 있다.

> "대공업은, 가사 영역 밖에 있는 사회적으로 조직된 생산과정에서, 부인, 연소자 및 아동에게 결정적인 역할을 할당함으로써, 가족과 남녀 양성관계의 보다 고도의 형태를 위한 새로운 경제적 기초를 만들어 낸다."

요컨대 마르크스는 자본주의 발전이 이른바 여성의 사회 진출을 촉진함으로써 낡은 남녀관계를 변혁하고, 보다 고도의 형태로 남녀관계와 가족의 존재 방식을 만들어 내기 위한 기초를 형성한다고 생각했다

만년의 마르크스의 젠더에 대한 주목

하지만 마르크스는 젠더의 영역에서도, 『자본론』에서 걸음을 멈추지 않았다. 마르크스는 만년의 공동체 연구를 통해, 본격적으로 젠더의 문제를 다루고 있다. 정리된 저작은 일절 남아 있지 않고, 참조할 수 있는 자료는 발췌 노트 밖에 없지만, 적어도 다음은 말할 수 있다.

첫째, 마르크스는 만년의 발췌 노트에서 젠더 문제 그 자체에 주목하고 있다. 그 이전에도, 광의의 젠더 문제에

대한 언급은 있지만, 모두 자본주의적 생산양식과의 관련에서 논의되었다. 그에 비해, 전근대의 공동체를 테마로 하는 만년의 발췌 노트에서는, 비자본주의 사회에 있어서 젠더 문제를 다루고 있으며, 그것이 젠더 문제 자체에 대한 마르크스의 시각이나 문제의식을 보다 명확하게 보여주고 있다.

예를 들어 마르크스는 모건의 명저『고대사회』를 치밀하게 발췌하면서, 고대 가족형태의 역사적 발전에 대해 고찰했다. 모건은 당시 이로키족을 답사하고, 그곳에서 볼 수 있는 생활양식이나 가족형태로 고대사회를 밝히려 했다. 현재는 모건의 견해는 일면적이며 여러 가지 오류가 있는 것으로 알려져 있다. 그럼에도 불구하고 가족형태를 혈연가족, 프나르아혼(집단혼 – 옮긴이), 대우혼 가족, 가부장 가족 등 역사적 형태에서 파악하고, 근대적인 가족상을 상대화했다는 의미에서, 마르크스에 큰 자극을 준 것은 분명하다.

이러한 근대적 가족관의 상대화는 존 러복의『문명의 기원과 인류의 원시상태』나 헨리 섬너 메인의『초기제도사』의 발췌에서 가부장 가족을 자명한 것으로 보는 러복이나 메인의 '근대적 편견'을 종종 비웃는 데서도 엿볼 수 있다.

둘째, 마르크스는 이들 발췌 노트에서, 젠더 차별을

사적 소유의 유무로 해소했던 엥겔스와 다른 이해를 보이고 있다. 엥겔스도 모건의 저작을 열심히 검토하고, 마르크스의 유고인 발췌 노트를 참조하면서, 『가족, 사적 소유, 국가의 기원』이라는 책을 집필했다. 이 책은 마르크스가 가족 형태나 젠더 문제에 대해 책을 쓰지 않았기 때문에, 이들 문제를 본격적으로 다룬 마르크스주의의 고전으로 취급되어 왔다. 그러나 엥겔스의 책과 마르크스의 발췌 노트의 논조에는 분명히 차이가 있다.

엥겔스는 이른바 '여성의 세계사적 패배'의 원인을 사적 소유의 성립에서 찾았다. 간단히 말해 생산력이 높아지고 부자와 빈자의 격차가 생겨났으며, 사적 소유가 발생함으로써, 지금까지의 여성 우위의 모권제 사회가 무너지고, 남성의 소유물을 유지하기 위한 가부장제 사회가 생겨났다는 것이다. 즉, 젠더 차별의 근간에는 사적 소유의 문제, 계급 격차의 문제가 있다고 엥겔스는 주장했다.

이에 비해, 마르크스는, 발췌 노트를 보는 한, 이런 단순한 이해는 내놓지 않았다. 물론 사적 소유가 성립되기 이전의 씨족제 사회가, 그 이후의 사회에 비해 상대적으로 젠더 평등을 실현하고 있음은 인정했지만, 씨족제 사회에서도 젠더 차별이 존재했다는 것에 주목했다. 일례로 마르크스는 이로키족에서 여성들의 힘이 컸다는 사실에 주목하면서도, '남자들은 엄중한 처벌로 위협하며 여성들에게 정조를 요구했지만, 그들은 상호적인 의무를 지지' 않았고 '일부다처혼'을 인정받았다고 쓰고, '엄중한 처벌로 위협하며'와 '일부다처혼' 부분에 밑줄을 쳤다.

반대로, 마르크스는 사적 소유가 성립된 이후의 사회에서도, 여성의 지위가 상대적으로 상승할 수 있음에 주목했다. 예를 들어 마르크스는 모건의 저작에서, 고대 로마사회에서는, 선행한 고대 그리스사회보다 여성의 지위가 높았음을 지적한 부분을 발췌했다.

"가모(家母)는, 가족의 여주인으로서, 남편에게 얽매이지 않고, 자유롭게 거리에 외출하고 남자들과 함께 극장이나 잔치에 자주 나갔다. 집 안에 있어서는 특별한 방에 갇히는 일이 없었고, 또 남자들의 식사 자리에서 배제되는 일도 없었다. 따라서 로마의 여자들은 그리스 여자들보다 더 큰 인격적 존엄성과 독립성을 갖고 있었다."

마르크스는 사적 소유라는 사회 형태가 젠더 관계에 미치는 영향을 중시하는 한편, 엥겔스와 달리, 그것이 사적 소유로 환원될 수 있는 문제가 아님을 인식하기 시작했다. 젠더 차별이 사적 소유로부터 독립적으로 존재할 수 있다는 점, 혹은 반대로 사적 소유하에서도 여성의 지위 향상이 있을 수 있다는 점, 이러한 사실에 대한 주목은 그것을 단적으로 보여준다.

이러한 만년의 마르크스의 젠더 관계 자체에 대한 주목은, 분명히 물질대사의 사상의 귀결일 것이다. 마르크스는 『자본론』을 쓰면서, 물상의 힘에 대항하는 거점으로서 물질대사의 논리를 찾아냈다. 그리고 물상의 추상적인 논리에 대해 물질대사의 구체적인 논리로 맞서려는 원대한 노력을 개시했다. 인간과 자연의 물질대사를 파악하기 위해 농학을 연구했고, 심지어 그 물질대사를 근본적으로 파악하기 위해 지질학이나 유기화학까지 열심히 연구했다. 더욱이 인간과 자연의 물질대사를 지속가능한 형태로 수행할 수 있는 사회형태를 찾기 위해, 세계 각지의 공동체 연구를 본격적으로 시작했다. 공동체에서 인간과 자연의 물질대사의 존재방식을 탐구하는 것은, 동시에 세대를 재생산하기 위한 인간과 인간의 관계, 즉 젠더 관계를 탐구하는 것이기도 했다.

이러한 문맥을 생각하면, 마르크스가 젠더를 소유형태나 경제관계로 환원하려고 한 것이 아니라, 오히려 그것들로 환원될 수 없는 젠더 고유의 관계에 주목한 것은 당연한 일이었다. 마르크스는 단순히 젠더 차별의 원인을 경제시스템에서 찾으려 한 것이 아니라, 오히려 젠더 고유의 관계가 자본주의적 생산양식에 대한 저항력이 될 수 있음을 보려 했다. 만약 마르크스가 젠더에 관한 논의를 적극적으로 전개했다면, 그 내용은 엥겔스와 사뭇 달랐을 것이다.

늙은 마르크스의 마지막 투쟁

인터내셔널은 파리 코뮌 평가와 조직 문제를 둘러싼 내부 갈등, 나아가 각국 정부의 탄압 등으로 1873년에는 사실상 휴지 상태에 빠져 있었다. 이후 마르크스가 공식 석상에 나서는 일은 거의 없었다. 독일의 노동운동에는 계속 관여했지만, 기본적으로는 이론적 관여였으며 싱크탱크와 같은 역할을 하는 데 그쳤다.

교제의 범위도 좁아져, 기본적으로는 가족과 몇몇 학문적인 친구들과의 관계에 한정되었다. 인터내셔널에서의 격무는, 가뜩이나 『자본론』 집필로 악화된 마르크스의 건강을 더욱 손상시켜, 마르크스는 요양에 많은 시간을 소비해야 했다.

하지만 마르크스는 『자본론』 완성을 위한 발걸음을 멈추지 않았다. 제2권을 완성하기 위한 초고의 집필은 사망 바로 전년인 1882년에 이르기까지 계속되었다. 1881년까지 쓰여진 제2권 초고 제8고는, 그때까지의 마르크스의 인식의 한계를 넘어, '사회적 총자본의 재생산'론(유감스럽게도 이 책에서는 취급할 수 없었다)을 이론적으로 완성시키는 것이었다. 일각에서 '만년의 마르크스는 창조력을 잃었다'

는 평가도 있지만, 마르크스는 최후의 최후까지 기어가면서도 계속 전진했다.

그뿐인가. 마르크스는 물질대사의 사상을 매개로, 자신의 경제학 비판의 구상을 광대한 영역으로 확장하려 했다. 농학, 지질학, 광물학, 식물학, 유기화학 등 물질대사의 구체적 논리와 관련된 자연과학을 섭렵하려는 시도는 만년까지 계속됐다. 공동체 연구를 심화시키기 위해, 50대 나이에 러시아어를 처음부터 배우는 것조차 마다하지 않았다. 건강상의 제약이 커져가는 중에도, 마르크스는 자신의 이론을 향상시키고 이를 보다 광범위하고 구체적으로 만들려는 노력을 멈추지 않았다.

이러한 만년의 마르크스의 시도가, 노동자에 의한 사회변혁을 포기하고, 생태문제나 공동체에서 활로를 구하려 했다는 것을 의미하는 것은 아니다. 마르크스는 1879년 엥겔스와 함께 쓴 독일 사회민주당의 지도자에 대한 공동 서한에서 다음과 같이 말했다. "거의 40년 이래 우리는, 계급투쟁이 역사의 직접적 추진력이라는 것, 특히 부르주아지와 프롤레타리아트의 계급투쟁이 현대 사회적 변혁의 큰 지렛대임을 강조해 왔습니다." 마르크스는 '노동자계급의 해방은 노동자계급 자신의 사업이 아니면 안 된다'는 생각을 평생 견지했다. 『자본론』에서 노동형태가 생산양식을 근본적으로 규정한다는 점을 논증한 것을 고려할 때, 노동운동을 계속 중시한 것은 당연했다.

그러나 한편 마르크스는 노동운동의 체제내화에 종종 짜증을 냈다. 1878년에 빌헬름 리프크네히트에게 쓴 편지에서는, "잉글랜드의 노동자계급은, 1848년 이래의 부패기를 거치면서 점차 퇴폐의 정도가 심해졌고, 급기야는 대자유당, 즉 자신들의 억압자, 자본가들의 부속물에 불과할 정도로까지 쇠퇴했습니다"라고 말했을 정도다. 마르크스는 1848년 이후 이론적으로나 실천적으로나 자본주의의 강력함을 이해하게 됨에 따라, 노동운동에 의한 장기 개량투쟁의 필요성에 머무르지 않고, 노동자계급의 계급투쟁만으로는 사회변혁이 가능하지 않다는 점, 노동자계급의 동맹자가 필요하다는 점을 인식하게 되었다.

물질대사의 사상을 매개로 한 만년의 마르크스의 변혁구상의 발전은, 바로 노동자계급의 동맹자 탐구의 귀결이었다. 마르크스는 노동자계급의 동맹자를 세 영역에서 찾았다고 할 수 있다.

첫째, 사회적 소수자이다. 마르크스는 이미 『자본론』 제1권에서 "북미 합중국에서는 노예제가 공화국의 일부를 불구로 하고 있는 한, 어떤 독립적 노동운동도 마비되어 있다. 흑인의 노동이 낙인찍힌 곳에서는, 백인의 노동도 해방될 수 없다"는 인식을 드러냈다. 마르크스가 링컨의 노예해방을 열렬히 지지한 이유다.

마르크스는 이후 아일랜드에 대해서도 같은 인식을 보이기에 이른다. "아일랜드 체제를 잉글랜드 노동자계급의 권력 획득으로 전복시킬 수 있다고, 나는 오랫동안 믿어 왔습니다. (…) 하지만 연구가 보다 깊어지면서, 나는 이제 그 반대의 것을 확신하게 되었습니다. 잉글랜드의 노동자계급은, 아일랜드에서 손을 떼지 않는 한 아무것도 이룰 수 없을 것입니다. 지렛대는 아일랜드에 두어야 합니다. 이 때문에 아일랜드 문제는 사회운동 전반에서 매우 중요합니다."(1869년 12월 10일 엥겔스에게 보낸 편지) 마르크스는 쿠겔만에게 보낸 편지에서도 같은 취지로 말했다. "잉글랜드 노동자계급이 이 잉글랜드에서 뭔가 결정적인 일을 하기 위해서는, 아일랜드에 대한 그 정책을 과감하게 지배 계급의 정책에서 분리하고, 나아가 아일랜드인과 공동으로 일을 추진하는 데 그치지 않고, 1801년에 결성된 합병을 해체하고, 이를 대신해 자유로운 연방이라는 관계를 수립하기 위해 주도권을 쥐도록 해야 합니다."(1869년 11월 29일 자)

미국의 노예제든, 잉글랜드의 아일랜드 지배든, 지배 계급의 착취체제를 강화할 뿐만 아니라, 인종과 종족에 의한 차별을 통해, 노동자계급을 분단하고 노동운동을 기능부전으로 만들어 버렸다. 이를 극복하기 위해, 마르크스는 노동운동이 인종주의나 종족 문제에 적극적으로 대결할 필요가 있다고 생각하게 되었다.

자본주의와 어떻게 싸울까

만년의 발췌 노트에서 젠더에 대한 주목도 같은 맥락에서 생각할 수 있을 것이다. 명확하게 쓰여 있지는 않지만, 마르크스는 젠더에 대해서도 차별을 극복하지 않고는 노동운동을 강력하게 할 수 없다고 생각했음에 틀림없다.

마르크스는 사회적 소수자의 문제를 계급문제로 환원하고 만족해 버리는 것이 아니라, 그것들이 자본주의적 생산관계와 어떻게 얽혀 있는지를 구체적으로 분석해, 사회적 소수자에서 자본주의적 생산양식에 저항하기 위한 잠재력을 찾아냈다. 이후 사회운동의 전개를 보면 마르크스의 선구성은 분명할 것이다.

마르크스가 동맹자를 탐구했던 두 번째 영역은 전근대적 공동체다. 만년의 마르크스는 식민지 지배가 아무리 잔혹할지라도 구래의 봉건적 억압을 일소한다는 점에서 혁명적 의의를 갖는다는 초기 견해를 철회하고, 오히려 전근대적 공동체 속에서 자본에 대한 저항의 거점을 찾았다.

이런 전근대적 공동체에 대한 높은 평가는, 결코 낭만주의에 바탕을 둔 것이 아니다. 『자본론』을 마무리하는 노력 속에서 물상의 강고한 힘을 점점 심각하게 인식하게 된 점, 자본주의의 식민지주의적 확장이 비참한 귀결을 초래했다는 사실을 목격한 점, 방대한 공동체 연구에서 전근대적 공동체의 강인한 생명력을 발견하게 된 점 등, 이러한 이론적 인식의 심화의 결과였다.

마르크스는 『공산당선언』 러시아어 제2판(1882년) 서
문에서 엥겔스와 함께 다음과 같이 썼다. "러시아 혁명이
서유럽의 프롤레타리아 혁명의 신호가 되고, 그 결과 양측
이 서로 보충한다면, 현재 러시아의 토지의 공동소유는 공
산주의적 발전의 출발점이 될 수 있다." 이 결론은 러시아
에 한정돼 있지만, 발췌 노트를 보면, 마르크스는 이 테제
가 타당한 범위를 상당히 넓게 생각했을 가능성이 높다.

자본주의의 세계화가 관철되고 있는 현재, 전근대적
공동체는 거의 잔존하고 있지 않다. 그러나 아무리 물상의
힘이 사회에 침투한다 해도, 인류가 꾸준히 쌓아온 지역적
공동성과 전통적 문화, 생태적 습관이 완전히 소멸해 버리
지는 않는다. 그런 의미에서 마르크스가 자본에 대한 저항
력으로서 전근대적 요소에 주목한 것은 현재의 사회운동에
대해서 여전히 시사적이다.

마르크스가 노동자계급의 동맹자를 찾은 세 번째 영
역은 인간과 자연의 물질대사, 나아가 그와 관련된 물질대
사의 총체, 즉 지구상의 생명활동 전체였다. 마르크스는 구
체적인 물질대사의 논리를 탐구하고 정통하게 됨에 따라,
지구상의 생명적 영위 총체와 자본주의적 생산관계가 여러
영역이나 국면에서 충돌할 수밖에 없음을 확신하게 됐다.

마르크스의 물질대사 논리에 대한 관심은, 공동체의
경우와 마찬가지로 이념적인 것이 아니다. 가령 '딥 에콜

로지(deep-ecology)'처럼 자연을 이상화하고 그것에 의해 근대를 비판한 것은 아니었다. 오히려 마르크스가 주목한 것은, 시대적 제약이 있긴 했지만, 당시 자연과학의 발전으로 밝혀지고 있던 물질대사의 구체적 논리이자 그 다양성이었다.

늙은 마르크스는 게걸스럽게 그러한 성과를 섭취하려고 했다. 구체적인 과학적 지식을 정성스럽게 옮겨 적은 발췌 노트를 보면, 세부적인 것들에 대한 마르크스의 관심, 고유성과 다양성에 대한 강렬한 관심에 압도된다. 마르크스는 다양한 영역에서 물질대사의 고유성이 추상적인 자본 축적 운동에 대한 강력한 저항의 거점이 된다는 점을 숙지하고 있었다.

이러한 마르크스의 광대한 시각은, 마르크스의 생태적 관심을 나타내는 데 그치지 않는다. 그것은 동시에 자연과학자와 노동자계급 간의 동맹 가능성도 시사한다고 할 수 있다. 일본의 반원전(反原電)운동의 선구자인 다카기 진자부로(高木仁三郞)가 그랬듯이, 과학적 식견을 높이고 축적하고 체계화함으로써 물질대사의 구체적 논리를 밝히고, 자본에 대한 저항의 진지를 구축할 수 있기 때문이다. 마르크스의 경제학 비판이란 '수확체감의 법칙'처럼 물질대사를 지극히 추상적으로 파악하는 경제학을, 농학이나 지질학 등 구체적인 자연과학을 통해 비판하는 작업이기도 했다.

늙은 마르크스는, 자본에 의한 철저한 전근대적 질서 파괴로 생겨난 뿌리 뽑힌 주체가 어소시에이션을 형성해 간다는 초기 구상으로부터 아주 멀리 나아갔다. 오히려 마르크스는 자본이 포섭하는 물상의 세계의 외부를 확보하려 했다.

노동운동에 있어서는, 노동시간 제한과 직업교육·기술교육에 의해 자본의 외부를 유지하고 확대하려고 했다. 농업에서는 물질대사의 구체적 논리를 밝혀 농학에 기초해, 자본에 의한 물질대사 교란을 억제하려 했다. 인종과 종족, 젠더에 의한 분단을 이용해 자신의 지배를 관철하려는 자본의 경향에 대해서는, 노동자계급과 사회적 소수자 간의 연대로 맞서려 했다. 더욱이 비서구세계에서는, 전근대적 공동체의 적극적 요소에 의해 물상의 힘을 봉쇄하려 했다.

요컨대, 만년의 마르크스의 변혁 구상은 물질대사의 고유성과 다양성을 바탕으로 모든 영역에서 물상의 힘을 항거하는 것이며, 이를 통해 노동자들의 어소시에이션 가능성을 확대한다는 것이었다.

마르크스에게는 이 구상을 완전하게 완성할 시간이 남아 있지 않았다. 하지만 마르크스는 타협하지 않았다. 자기만족을 위해 갖고 있는 초고를 완성하고 체계를 만들기

보다, 오히려 스스로의 끝없는 탐구에 의해 미완의 변혁 구상의 거대한 스케일을 보여주는 것을 선택했다. 이것이 악화되는 건강상태 속에서 필사적으로 계속된 늙은 마르크스의 마지막 투쟁이었다.

이 위대한 성과를 어떻게 계승하고 발전시킬 것인가 물론 우리 자신의 실천에 달려 있다. 마르크스가 말했듯이 중요한 것은 '해석'하는 것이 아니라 '변혁'하는 것이니까.

저자 후기

신서로 읽기 쉽도록 본서에는 주석을 일절 달지 않았다. 하지만 말할 필요도 없이, 본서는 방대한 선행 연구의 성과에 근거하고 있다. 특히 전기적인 서술에 관해서는, 그 대부분을 선행 연구에 의존하고 있다. 전부는 아니지만, 주요 참고 문헌에 대해서는 말미에 밝혔다.

또한 일일이 주기하지 않았으나 본문 중 번역은 기존의 것(주로 오츠키쇼텐에서 간행되고 있는 저작집 번역)을 참조하여 필요에 따라 수정을 가하였다.

솔직히 "칼 마르크스"라는 제목으로 새로 책을 쓰는데는 망설임도 있었다. 나 자신의 공부 부족은 차치하더라도, 본문에서도 말한 것처럼, MEGA의 간행에 의해서, 겨우 마르크스 사상의 전모가 보이기 시작하고 있는 것이 현상이기 때문이다. 일반적으로 갖고 있는 이미지와는 달리, 실제로는 마르크스의 전체상, 특히 만년의 마르크스에 대한 연구는 바로 지금부터 본격적으로 이루어져야 한다.

그런데도 굳이 펜을 든 것은, 현재의 다양한 사회 문제에 관심을 가지는 분들에게, 마르크스의 사상의 현재성을 조금이라도 전하고 싶다고 생각했기 때문이다. 세간에 마르크스 입문서나 『자본론』 입문서는 범람하고 있지만, 최근의 문헌 연구에 근거하여 마르크스의 실상을 밝히려 한 것은 거의 없다. 하지만, 마르크스의 사상의 진정한 매력, 그리고 그 현재성은 스테레오타입의 해설로는 결코 이해할 수 없다. 무엇보다도 마르크스 그 사람의 실상에 다가설 필요가 있다. 이 책에서는 입문적 개설이면서도 정확한 해설을 위해 노력했다.

그러한 의미에서, 이 책을 읽고 마르크스의 사상에 매력을 느낄 수 있다면, 꼭 마르크스 자신의 저작에 도전해 주기 바란다. 결코 간단하지는 않지만, 이 책에서는 전할 수 없었던 마르크스의 사상의 넓이와 깊이, 그리고 그 현재성을 읽어낼 수 있을 것이다. 말미의 참고 문헌은 그것을 위한 가이드로서 도움이 될 것이다.

칼 마르크스 연표

연월일	주요 사건
1818년 5월	트리어에서 출생
1835년 10월	본 대학 입학
1836년 10월	베를린 대학으로 전학
1837년 여름	청년 헤겔학파와 만나 박사 클럽에 가입
1841년 4월	박사학위 취득
1842년 10월 ~ 1843년 3월	『라인신문』 편집장
1843년 6월	예니와 결혼
1843년 여름	『헤겔 국법론 비판』 집필
1843년 10월	『독불연보』 간행 위해 파리로 이주
1844년 2월	『독불연보』 창간호 간행
1844년 3월 ~ 8월	『경제학 철학 초고』 집필
1844년 8월	엥겔스와 재회하고 생애에 걸친 친구가 됨
1844년 11월	『신성가족』 집필 완료 다음 해 2월 간행
1845년 2월	파리에서 추방되어 브뤼셀로 망명
1845년 9월 ~ 1847년 4월	『독일 이데올로기』 집필
1846년 초엽	공산주의 통신위원회 설립
1847년 1월	의인동맹에 가입하고, 이를 공산주의자 동맹으로 재조직

연월일	주요 사건
1847년 7월	『철학의 빈곤』 간행
1848년 2월	『공산당선언』 간행
1848년 3월	벨기에 정부로부터 추방되어 파리로 향함
1848년 4월	독일혁명에 합류하기 위해 쾰른으로 이주
1848년 6월	『신라인신문』 창간
1849년 5월	프로이센 정부로부터 추방당해 다음 달 파리로 향함
1849년 8월	프랑스 정부로부터 퇴거 압박 받아 런던으로 이주
1852년 11월	공산주의자동맹 해산
1857년 8월 ~ 1858년 5월	『경제학비판요강』 집필
1859년 6월	『경제학비판』 간행
1861년 8월 ~ 1863년 7월	『1861~63년 초고』 집필
1864년 9월	국제노동자협회(인터내셔널) 평의원이 됨
1867년 9월	『자본론』 제1권 간행
1871년 6월	『프랑스 내전』 간행
1875년 5월	『고타 강령 비판』 집필
1876년 7월	인터내셔널 해산
1881년 2월 ~ 3월	「자술리치에게 보내는 편지」 작성 및 송부
1883년 3월	사망

주요 참고 문헌

전기

デヴィッド・マクレラン, 『マルクス伝』, 杉原四郎他訳, ミネルヴァ書房, 1976.

ジョナサン・スパーバー, 『マルクス』, 小原淳訳, 白水社, 2015.

フランシス・ウィーン, 『カール・マルクスの生涯』, 田口俊樹訳, 朝日新聞社, 2002.

ドイツ社会主義統一党中央委員会付属マルクス＝レーニン主義研究所編, 『モールと将軍』, 栗原佑訳, 大月書店, 1976.

小牧治, 『マルクス』, 清水書院, 1966.

마르크스와 문학

S. S. Prawer, *Karl Marx and World Literature*, Oxford University Press, 1976.

초기 마르크스의 사상

渡辺憲正, 『近代批判とマルクス』, 青木書店, 1989.

有井行夫, 『マルクスの社会システム理論』, 有斐閣, 1987.

田畑稔, 『マルクスと哲学』, 新泉社, 2004.

デヴィッド・マクレラン, 『マルクス思想の形成』, 宮本十蔵訳, ミネルヴァ書房, 1971.

廣松渉・井上五郎, 『マルクスの思想圏』, 朝日出版社, 1980.

『자본론』 관련

佐々木隆治, 『私たちはなぜ働くのか』, 旬報社, 2012.

大谷禎之介, 『図解　社会経済学』, 桜井書店, 2001.

久留間鮫造, 『価値形態論と交換過程論』, 岩波書店, 1957.

久留間鮫造編, 『マルクス経済学レキシコン』, 全一五巻, 大月書店.

小西一雄, 『資本主義の成熟と転換』, 桜井書店, 2014.

ハリー・ブレイヴァマン, 『労働と独占資本』, 富沢賢治訳, 岩波書店, 1978.

ポール・スウィージー, 『資本主義発展の理論』, 都留重人訳, 新評論, 1967.

ミヒャエル・ハインリッヒ, 『『資本論』の新しい読み方』, 明石英人他訳, 堀之内出版, 2014.

만년의 마르크스의 사상

佐々木隆治, 『マルクスの物象化論』, 社会評論社, 2011.

Kohei Saito, *Natur gegen Kapital: Marx' Ökologie in seiner unvollendeten Kritik des Kapitalismus*, Campus,

2016.

岩佐茂・佐々木隆治編,『マルクスとエコロジー』, 堀之内出版, 2014.

ケヴィン・アンダーソン,『周縁のマルクス』, 平子友長監訳, 社会評論社, 2015.

Heather Brown, *Marx on Gender and the Family*, Brill Academic Pub, 2012.

大谷禎之介・平子友長編,『マルクス抜粋ノートからマルクスを読む』, 桜井書店, 2013.

大谷禎之介,『マルクスのアソシエーション論』, 桜井書店, 2011.

福富正実,『経済学と自然哲学』, 世界書院, 1989.

吉田文和,『環境と技術の経済学』, 青木書店, 1980.

椎名重明,『農学の思想』, 東京大学出版会, 1976.

옮긴이의 말

이 책은 사사키 류지(佐々木隆治)의 『칼 마르크스: '자본주의'와 투쟁한 사회사상가』(筑摩書房, 2016)를 완역한 것이다. 이 책의 영어판도 Palgrave에서 곧 출판될 예정이다.

사사키 류지는 1974년생으로 일본의 릿쿄대학 경제학부 준교수이며, 일본 『마르크스 엥겔스 전집(MEGA)』 편집위원이기도 하다. 마르크스의 경제이론 및 사회사상이 전공이며, 대표적 저서는 2011년 히토츠바시대학 사회학 박사학위논문으로 제출한 『마르크스의 물상화론: 자본주의 비판으로서의 소재의 사상』(2012)이다. 그 밖에 『우리는 왜 노동하는가』(2012), 『마르크스의 자본론』(2018) 등을 출판했다. 국내에도 저자의 관련 주요 논문들이 『마르크스주의 연구』에 출판된 바 있다.

마르크스의 사상과 『자본론』에 대한 입문서들이 이미 국내외 많이 나와 있지만, 이 책은 현재 일본의 차세대 마르크스 연구를 주도하는 저자가 세계 최고 수준인 일본의 마르크스 연구의 최근의 성과들에 기반하여, 특히 최근 MEGA를 통해 출간되고 있는 '발췌 노트'를 포함한 마르크스의 모든 문헌에 대한 엄밀한 텍스트학적 연구에 기초하여, 또 일본의 사회운동의 맥락 속에서 쓴 책이라는 점에서 매우 새롭고 독특하다. 저자는 일본의 마르크스주의 경제학의 주류[우노 고조(宇野弘蔵), 도미즈카 료조(富塚良三), 히라타 기요아키(平田清明) 등이 그 대표적 인물이다]가 아니라, 구루마 사메조(久留間鮫造)에서 비롯되어, 오타니 데이노스케(大谷禎之介), 다이라코 도모나가(平子友長)로 이어지고 있는 비판적 마르크스 경제학 흐름에 속하고 있으며, 그 차세대 연구자 그룹의 좌장이기도 하다. 이 일본의 차세대 마르크스 연구자 그룹의 주요 멤버는 사이토 고헤이(斎藤幸平, 최근 국내에 번역 소개된 『마르크스의 생태사회주의』의 저자), 아카시 히데토(明石英人), 스미다 소이지로(隅田聡一郎) 등이며, 이들은 청년 마르크스 연구자 및 활동가 조직인 '마르크스 연구회'와 POSSE를 중심으로 활동하고 있다. 이 일본의 차세대 마르크스 연구 그룹은 마르크스의 사상을 가치형태와 물상화론에서 출발하는 자본주의 비판(및 소련 국가자본주의론)과 어소시에이션, 물질대사, 공동체, 젠더에 기초한 포스트자본주의 기획을 중심으로 재구성한다는 점에서 기존의 전통적 주류 마르크스주의와 확연하게 구별되는데, 그 핵심은 이 책에 일목요연하게 소개되어 있다. 1장에서 저자가 제시하는 초기 마르크스가 수행한 '철학 비판'과 '새로운 유물론'의 정립 과정에 대한 설명은 알튀세르적 '인식론적 단절론'에 익숙한 우리에게 매우 참신하다. 2장은 『자본론』에 대한 대중적 해설로는 여태까지 역자가 읽은 것들 중 최상이다. 마르크스의 가치형태론은 난해하기로 유명한데, 저자가 이를 '가격표' 비유를 활용하여 설명한 부분은 압권이다. 나아가 저자는 3장에서 기존의 마르크스주의(스탈린주의, 레닌주의 등)가 왜곡하고 억압해 온 마르크스 자신의 포스트자본주의 대안을 만년의 마르크스 사상, 특히 어소시에이션, 물질대사, 공동체, 젠더 개념을 중심으로 전개하고 있는데, 이는 이 책의 백미이자, 역자 자신도 공감 수행하고 있는 프로젝트이다. 이 책의 특징과 의의에 대해 더 상세한 것은 저자의 한국어판 서문을 참고하기 바란다.

역자는 이전부터 다른 경로로 이 책과 같은 비판적 마르크스주의에 공감하고 있다가, 2012년 도쿄에서 열린 MEGA 국제학술대회에서 이들 일본의 차세대 마르크스 연구자 그룹과 조우하면서, 교류를 시작했다. 이들 그룹 중 사이토 고헤이와의 공동연구, 2019년 9회 맑스코뮤날레 세션 조직, 이 책의 번역 출판 등은 이와 같은 교류의 성과이며, 이는 앞으로도 계속될 것이다.

끝으로, 각종 類書들이 이미 많이 나와 있는데도, 玉石을 가려 번역 출판 제안을 받아 주신 도서출판 산지니의 강수걸 사장님과 번역 원고를 훌륭하게 편집 교열해 주신 강나래 편집자님께 감사드린다. 이 책의 번역은 2018년 대한민국 교육부와 한국연구재단의 지원을 받아 수행된 연구 (NRF-2018S1A3A2075204)의 일부로 이뤄졌음도 밝힌다.

2020년 6월
정성진

:: 산지니가 펴낸 책 ::

정치 · 사회

국가에 대항하는 마르크스 스미다 소이치로 지음 | 정성진 옮김

연결신체학을 향하여 젠더어펙트 연구소 지음

중국식 현대화의 논리(전2권) 류젠진, 천저우왕, 왕스카이 지음 | 구성철, 김미래, 강애리, 정혜미 옮김

소녀 취향 성장기 이주라 지음

아버지의 용접 인생 세쟈신 지음 | 곽규환, 한철민 옮김

뉴턴과 마르크스: 문과 이과의 융합을 위한 제언 도이 히데오 지음 | 이득재 옮김 *2024 한국출판문화진흥재단 청소년 교양도서

먹는물이 위험하다: 과불화화합물을 쫓는 집념의 르포 모로나가 유지 지음 | 정나래 옮김

부산노동운동사 현정길, 윤영삼 지음 *제64회 한국출판문화상 학술부문 올해의 책

지역정당 윤현식 지음

꿰어보는 러시아와 중국 오강돈 지음

고독사는 사회적 타살입니다 권종호 지음

몸들의 유니버스 너머 젠더어펙트 연구소 지음

헌법을 말한다 김효전 외 지음

사라진 홍콩 류영하 지음

전후 일본의 역사인식 이오키베 가오루 외 지음 | 동서대학교 일본연구센터 옮김

분절된 노동, 변형된 계급 유형근 지음 *2023 대한민국학술원 우수도서 *2023 ICAS 한국어 우수학술도서 최우수도서

수술 권하는 정형외과의 비밀 황윤권 지음

가상사회의 철학: 비트코인 VR 탈진실 다이고쿠 다케히코 지음 | 최승현 옮김

연결(불)가능한 신체의 역사 젠더어펙트 연구소

다문화 박사의 '진짜' 다양성 이야기 조형숙 지음

정체성이 아닌 것 나탈리 하이니히 지음 | 임지영 옮김

중산층은 없다: 사회이동이 우리를 어떻게 호도하는가 하다스 바이스 지음 | 문혜림·고민지 옮김

인간의 권리: 인권사상 · 국내인권법 · 국제인권법 김철수 지음

약속과 예측: 연결성과 인문의 미래 젠더어펙트 연구소

한중 협력의 새로운 모색, 부산~상하이 협력 동서대학교 중국연구센터 지음

망각된 역사, 왜곡된 기억 '조선인 위안부' 최은수 지음

완월동 여자들 정경숙 지음

현대인의 자유와 소외 황갑진 지음

말랑말랑한 노동을 위하여 황세원 지음

벽이 없는 세계 아이만 라쉬단 웡 지음 | 정상천 옮김

한 권으로 읽는 마르크스와 자본론 사사키 류지 지음 | 정성진 옮김

교사의 사회의식 변화: 2005-2009-2014-2019 정진상 지음

노회찬에서 전태일까지: 청년들에게 들려주는 한국 진보정치사 이창우 지음

김일성과 박정희의 경제전쟁 정광민 지음

빅브라더에 맞서는 중국 여성들 리타 홍 핀처 지음 | 윤승리 옮김

21세기 마르크스 경제학 정성진 지음

정전(正戰)과 내전 오오타케 코지 지음 | 윤인로 옮김

헌법과 정치 카를 슈미트 지음 | 김효전 옮김

내러티브와 장르: 미디어 분석의 핵심 개념들 닉 레이시 지음 | 임영호 옮김

사람 속에 함께 걷다 박영미 지음

나는 개성공단으로 출근합니다 김민주 지음

저는 비정규직 초단시간 근로자입니다 석정연 지음 *2020 한국출판산업진흥원
책나눔위원회 2월의 추천도서

싸움의 품격 안건모 지음 *2019 한국출판문화산업진흥원 출판콘텐츠 창작 지원 선정도서

다시 시월 1979 10.16부마항쟁연구소 엮음

골목상인 분투기 이정식 지음

한국의 헌법학 연구 김철수 엮음

그림 슬리퍼: 사우스 센트럴의 사라진 여인들 크리스틴 펠리섹 지음 | 이나경
옮김 *2019년 서울국제도서전 여름 첫 책 선정도서

대학과 청년 류장수 지음

CEO사회 피터 블룸·칼 로즈 지음 | 장진영 옮김

도시는 정치다 윤일성 지음

국가폭력과 유해발굴의 사회문화사 노용석 지음 *2019 세종도서 우수학술도서

중국 경제법의 이해 김종우 지음

세상에 나를 추천하라 정쾅위 지음 | 곽규환·한철민 옮김

독일 헌법학의 원천 카를 슈미트 외 지음 | 김효전 옮김 *2018 세종도서 우수학술도서

폴리아모리: 새로운 사랑의 가능성 후카미 기쿠에 지음 | 곽규환·진효아 옮김

선택: 진보로 부산을 새롭게 디자인하자 현정길 지음

사람 속에서 길을 찾다 박영미 지음 *2018 세종도서 우수교양도서

당당한 안녕: 죽음을 배우다 이기숙 지음

거리 민주주의: 시위와 조롱의 힘 스티브 크로셔 지음 | 문혜림 옮김

라틴아메리카 흑인 만들기 차경미 지음

변방이 중심이 되는 동북아 신 네트워크 이창주 지음

여성학 이메일 수업 김선경 지음

이주민과 함께 살아가기 이주노동자와 연대하는 전일본 네트워크 지음 |
이혜진·이한숙 옮김 *2007 한국간행물윤리위원회 청소년도서

공학자의 눈으로 본 독일 대학과 문화 목학수 지음

문제는 교육이야 김석준 지음

부산언론사 연구 채백 지음 *2013 대한민국학술원 우수도서 *2013 한국언론학회 학술상

부산화교의 역사 조세현 지음

환경

습지 그림일기 박은경 글·그림 *2021 환경부 우수환경도서

이렇게 웃고 살아도 되나 조혜원 지음 *2021 환경부 우수환경도서

해오리 바다의 비밀 조미형 지음 | 박경효 그림 *2019 한국문화예술위원회 문학나눔
선정도서

지리산 아! 사람아 윤주옥 지음

촌놈 되기: 신진 시인의 30년 귀촌 생활 비록 신진 산문집

보약과 상약 김소희 지음

2℃: 기후변화 시대의 새로운 이정표 김옥현 지음

해운대 바다상점 화덕헌 지음 *2018 환경부 우수환경도서

기후변화와 신사회계약 김옥현 지음 *2015 학교도서관저널 추천도서

시내버스 타고 길과 사람 100배 즐기기 김훤주 지음 *2014 환경부 우수환경도서
*2012 문화관광부 우수교양도서

황금빛 물고기 김규정 글·그림 *2013 문화체육관광부 우수교양도서

아파트키드 득구 이일균 지음 *2012 환경부 우수환경도서

강수돌 교수의 나부터 마을혁명 강수돌 지음 *2010 환경부 우수환경도서

습지와 인간 김훤주 지음 *2008 환경부 우수환경도서

한반도 환경대재앙 샨샤댐 진재운 지음 *2008 환경부 우수환경도서

백두산에 묻힌 발해를 찾아서 진재운 지음

도시, 변혁을 꿈꾸다 정달식 지음 *지역신문발전위원회 지원도서